思想学术系列

哲学史话

A Brief History of Chinese Philosophy

谷 方 / 著

社会科学文献出版社

SOCIAL SCIENCES ACADEMIC PRESS (CHINA)

图书在版编目（CIP）数据

哲学史话/谷方著. —北京：社会科学文献出版社，
2011.8
（中国史话）
ISBN 978 – 7 – 5097 – 2213 – 8

Ⅰ.①哲…　Ⅱ.①谷…　Ⅲ.①哲学史 – 中国
Ⅳ.①B2

中国版本图书馆 CIP 数据核字（2011）第 111402 号

"十二五"国家重点出版规划项目

中国史话·思想学术系列

哲学史话

著　　者／谷　方

出 版 人／谢寿光
总 编 辑／邹东涛
出 版 者／社会科学文献出版社
地　　址／北京市西城区北三环中路甲 29 号院 3 号楼华龙大厦
邮政编码／100029

责任部门／人文科学图书事业部　（010）59367215
电子信箱／renwen@ ssap. cn
责任编辑／赵子光　赵　亦
责任校对／李艳涛
责任印制／岳　阳
总 经 销／社会科学文献出版社发行部
　　　　　（010）59367081　59367089
读者服务／读者服务中心（010）59367028

印　　装／北京画中画印刷有限公司
开　　本／889mm×1194mm　1/32　印张／5.375
版　　次／2011 年 8 月第 1 版　　字数／98 千字
印　　次／2011 年 8 月第 1 次印刷
书　　号／ISBN 978 – 7 – 5097 – 2213 – 8
定　　价／15.00 元

总　序

中国是一个有着悠久文化历史的古老国度，从传说中的三皇五帝到中华人民共和国的建立，生活在这片土地上的人们从来都没有停止过探寻、创造的脚步。长沙马王堆出土的轻若烟雾、薄如蝉翼的素纱衣向世人昭示着古人在丝绸纺织、制作方面所达到的高度；敦煌莫高窟近五百个洞窟中的两千多尊彩塑雕像和大量的彩绘壁画又向世人显示了古人在雕塑和绘画方面所取得的成绩；还有青铜器、唐三彩、园林建筑、宫殿建筑，以及书法、诗歌、茶道、中医等物质与非物质文化遗产，它们无不向世人展示了中华五千年文化的灿烂与辉煌，展示了中国这一古老国度的魅力与绚烂。这是一份宝贵的遗产，值得我们每一位炎黄子孙珍视。

历史不会永远眷顾任何一个民族或一个国家，当世界进入近代之时，曾经一千多年雄踞世界发展高峰的古老中国，从巅峰跌落。1840 年鸦片战争的炮声打破了清帝国"天朝上国"的迷梦，从此中国沦为被列强宰割的羔羊。一个个不平等条约的签订，不仅使中国大量的白银外流，更使中国的领土一步步被列强侵占，国库亏空，民不聊生。东方古国曾经拥有的辉煌，也随着西方列强坚船利炮的轰击而烟消云散，中国一步步堕入了半殖民地的深渊。不甘屈服的中国人民也由此开始了救国救民、富国图强的抗争之路。从洋务运动到维新变法，从太平天国到辛亥革命，从五四运动到中国共产党领导的新民主主义革命，中国人民屡败屡战，终于认识到了"只有社会主义才能救中国，只有社会主义才能发展中国"这一道理。中国共产党领导中国人民推倒三座大山，建立了新中国，从此饱受屈辱与蹂躏的中国人民站起来了。古老的中国焕发出新的生机与活力，摆脱了任人宰割与欺侮的历史，屹立于世界民族之林。每一位中华儿女应当了解中华民族数千年的文明史，也应当牢记鸦片战争以来一百多年民族屈辱的历史。

当我们步入全球化大潮的 21 世纪，信息技术革命迅猛发展，地区之间的交流壁垒被互联网之类的新兴交流工具所打破，世界的多元性展示在世人面前。世界上任何一个区域都不可避免地存在着两种以上文化的交汇与碰撞，但不可否认的是，近些年来，随着市场经济的大潮，西方文化扑面而来，有些人唯西方为时尚，把民族的传统丢在一边。大批年轻人甚至比西方人还热衷于圣诞节、情人节与洋快餐，对我国各民族的重大节日以及中国历史的基本知识却茫然无知，这是中华民族实现复兴大业中的重大忧患。

中国之所以为中国，中华民族之所以历数千年而不分离，根基就在于五千年来一脉相传的中华文明。如果丢弃了千百年来一脉相承的文化，任凭外来文化随意浸染，很难设想13亿中国人到哪里去寻找民族向心力和凝聚力。在推进社会主义现代化、实现民族复兴的伟大事业中，大力弘扬优秀的中华民族文化和民族精神，弘扬中华文化的爱国主义传统和民族自尊意识，在建设中国特色社会主义的进程中，构建具有中国特色的文化价值体系，光大中华民族的优秀传统文化是一件任重而道远的事业。

当前，我国进入了经济体制深刻变革、社会结构深刻变动、利益格局深刻调整、思想观念深刻变化的新的历史时期。面对新的历史任务和来自各方的新挑战，全党和全国人民都需要学习和把握社会主义核心价值体系，进一步形成全社会共同的理想信念和道德规范，打牢全党全国各族人民团结奋斗的思想道德基础，形成全民族奋发向上的精神力量，这是我们建设社会主义和谐社会的思想保证。中国社会科学院作为国家社会科学研究的机构，有责任为此作出贡献。我们在编写出版《中华文明史话》与《百年中国史话》的基础上，组织院内外各研究领域的专家，融合近年来的最新研究，编辑出版大型历史知识系列丛书——《中国史话》，其目的就在于为广大人民群众尤其是青少年提供一套较为完整、准确地介绍中国历史和传统文化的普及类系列丛书，从而使生活在信息时代的人们尤其是青少年能够了解自己祖先的历史，在东西南北文化的交流中由知己到知彼，善于取人之长补己之短，在中国与世界各国愈来愈深的文化交融中，保持自己的本色与特色，将中华民族自强不息、厚德载物的精神永远发扬下去。

《中国史话》系列丛书首批计 200 种，每种 10 万字左右，主要从政治、经济、文化、军事、哲学、艺术、科技、饮食、服饰、交通、建筑等各个方面介绍了从古至今数千年来中华文明发展和变迁的历史。这些历史不仅展现了中华五千年文化的辉煌，展现了先民的智慧与创造精神，而且展现了中国人民的不屈与抗争精神。我们衷心地希望这套普及历史知识的丛书对广大人民群众进一步了解中华民族的优秀文化传统，增强民族自尊心和自豪感发挥应有的作用，鼓舞广大人民群众特别是新一代的劳动者和建设者在建设中国特色社会主义的道路上不断阔步前进，为我们祖国美好的未来贡献更大的力量。

陈奎元

2011 年 4 月

⊙谷 方

作者小传

谷方，1935年生，湖南省衡东县人。1959年秋，毕业于中国人民大学新闻系，分配至中国科学院哲学社会科学部所属《新建设》杂志社，任哲学组编辑。"文革"结束以后，从事专职研究工作，任中国社会科学院哲学研究所研究员，获政府特殊津贴。主要研究方向为先秦哲学与中国文化。著作有：①《中国哲学人物辞典》，书海出版社，1990；②《主体性哲学与文化问题》，中国社会科学出版社、中国和平出版社，1995；③《韩非与中国文化》，贵州人民出版社，1996。此外，还发表先秦哲学、中国文化及美学等方面的论文一百多篇。

目 录

一 先秦时期的哲学

中国是世界上历史最悠久的国家之一。中国哲学经历了漫长的发展过程。在它的发展过程中，产生了许多著名的哲学家和重要的哲学思想体系。中国哲学是中国文化的重要组成部分，它丰富了世界哲学的思想宝库，是中国人民智慧的结晶和实践经验的总结。

哲学的产生和发展

在距今 100 多万年以前，我们的远祖原始人在黄河两岸的广大地区生息、繁衍，创造了中国最早的文明。原始社会末期，农业和手工业都有较大程度的发展。在农业中，有稻、粱、菽等作物，并已开始酒的酿造。在手工业中，除陶器、石器、骨器、蚌器的制作以外，还开始了铜器的制造。随着社会生产力的提高，出现了私有制和互相对立的阶级，原始社会便为奴隶社会所替代。原始社会向奴隶社会的过渡至迟在夏代已经开始。夏代出现了王位世袭和传子制度，建立了由王朝统治的国家机构。夏代的铜器、玉器、漆器以及造酒、造车的技术都达到了较高水平。至于"夏令"和"夏时",则奠定了我国古代历法的初步基础。继夏而起的商朝（又称殷朝）是中国奴隶制的鼎盛时期之一。在商代,已经有通行的甲骨文,还有金文和玉器、石器的铭文。文字的发明与应用,为文化的发展、传播与保存创造了有利的条件。正因为这样,所以,《尚书·多士》说:"惟殷先人,有册有典"。与商代相比,周代的文化获得了更高程度的发展。周代分为西周与东周两个阶段。西周初期,周公在武王去世以后,辅佐成王,为巩固西周政权做了大量工作。他亲自率兵,平定叛乱,营建东都洛邑,改革各种制度,为西周初期的"成康之治"奠定了基础。"成康之治"不仅表现为"天下安宁",而且表现为文化上的相对繁荣。

从远古到西周是中国哲学萌芽、产生和初步发展的时期。哲学的胚芽存在于蒙昧时代的观念之中。在中国漫长的原始社会里,曾盛行过山川、日月、风雷之神等万物有灵的观念,出现过图腾崇拜,如黄帝氏以"云纪"、炎帝氏以"火纪"、共工氏以"水纪"、太皞氏以"龙纪"、少皞氏以"鸟纪"等等,就是说,云、火、水、龙、鸟等曾作为图腾而为一些部落集团所崇拜。还出现过对氏族部落的共同祖先如燧人氏、有巢氏、伏羲氏、神农氏等的崇拜。随着奴隶制的出现,这些自发性的原始宗教意识逐渐演变为人为的宗教,对多神的自然崇拜也逐渐演变为对一神的上帝崇拜。掌握政权的奴隶主阶级,为了加强对奴隶阶级的统治，有意识地利用和提倡天命神权观念。因此，哲学的萌芽是同天命神权观念结合在一起的。尽管它早已形成，但还不是真正意义上的哲学。哲学作为理论化、系统化的世界观，它的产生必须以语言文字作为前提。根据历史记载，殷商时代已"有册有典"，表明当时不仅已使用文字，而且已有相当规模的文化积累。因此，最迟在殷商时代，以概念本性的研究为前提的哲学思维已经产生。

殷商末年，箕子提出的原始五行说保存在《尚书·洪范》中。箕子把"水、火、木、金、土"称为"五行"。"五行"的概念表示自然界中与人们的生产、生活有密切关系的五种物质。它当时虽然还不是哲学概念，但它包含了对自然物质及其联系的认识。西周末年的史伯发展了这种"五行"观念，指出"先王以土与金、木、水、火，杂以成百物"，把"五行"（土、金、木、水、火）看作"百物"的根源。他还提出"和"与"同"的范畴，认为"和"是一种物与其性质相异的物结合在一起，即包含着对立和差别的具体的同一，"同"则是指性质相同的物简单相加或重叠，即排斥差别和对立的抽象的同一。

在西周初期，周公的思想具有重要意义。他在哲学上，开始了尊天与重人并举的思想新格局。他认为天命虽然可畏，但天命不常，"天不可信"，从而主张在加强和改善人事方面多做工作，如明德慎罚、尊重贤才、体恤民众疾苦等等。他反对帝王放任自恣的生活态度，主张对人宽厚，对己克制，反求诸己。

殷周时期，盛行以龟卜预测吉凶的风气，《周易》就是这种风气所产生的结果。它虽然是一部占卜的书，但在哲学上具有一定的意义。原来，人们在占卜的时候，要对所得出的凶兆、吉兆作种种说明与解释。这些说明与解释经过筛选、整理便成为卦辞、爻辞等等。卦辞、爻辞以及64卦的排列组合凝聚了某些实践活动的经验教训，反映了某些事物的规律。阴阳是《周易》的一种主要观念。《周易》虽然没有使用"阴阳"的概念，但阴阳对立统一的观念却贯穿在《周易》的各个方面。八卦分为阳卦与阴卦两部分。凡卦画由奇数组成的卦为阳卦，如乾卦（☰）、震卦（☳）、坎卦（☵）、艮卦（☶）；凡卦画由偶数组成的卦为阴卦，如坤卦（☷）、巽卦（☴）、离卦（☲）、兑卦（☱）。作为卦的基本构成要素的爻也分成阴阳两部分。阳爻的符号是"—"，阴爻的符号是"– –"。阴爻和阳爻组成64卦，象征万物都包含阴阳两种势力。再从卦象来看，乾卦象征天，属阳，坤卦象征地，属阴。《周易》中阴阳的对立统一还表现为泰卦与否卦、剥卦与复卦等的对立统一及"无平不陂、无往不复"的"物极必反"的辩证法思想。

在《周易》之后，西周末年的伯阳父提出"气"和"阴"、"阳"的概念并运用它们来解释地震的成因。他认为，周幽王二年（公元前780年）西周的三川（泾、渭、洛）地区同时发生的地震，是由阳气与阴气这两种对立的物质力量错乱了正常的位置，破坏了力量之间的平衡而引起的。他力图从自然界本身，特别是从自然界本身所包含的矛盾去说明自然界的变化，而不诉诸超自然的力量，这是认识上的重要进步。

春秋哲学

西周灭亡以后，开始了东周即春秋时期。春秋（公元前770～前476年）及战国（公元前475～前221年）是中国社会从奴隶制向封建制转变的过渡时期，也是社会经济、政治发生大变革的时期。与社会经济、政治的大变革相适应，在文化上也出现了大变革，出现了"百家争鸣"的空前繁荣局面。春秋时期，天命神权的观念进一步受到批判，无神论的倾向有所发展。比如，随国的季梁提出"民为神之主"的口号。他虽然承认神的存在，但是，民的地位显著上升，神的地位显著下降。鲁国的申缟（音xū）提出"妖由人兴"的命题，认为"妖不自作"，"人弃常，则妖兴"，把妖看作人们在失常状态下生出的一种错觉，在很大程度上割断了妖同鬼神的联系。周王朝的内史叔兴提出"吉凶由人"的命题，认为公元前644年宋国陨石下降，鹢（音yì）鸟退飞（倒飞）这两种现象是"阴阳之事，非吉凶所生也，吉凶由人"。他坚持用自然界本身去解释自然界的变化，认为人事吉凶要由人决定，而与陨石等自然现象无关，更与所谓神的意志无关。郑国的正卿子产提出"天道远，人道迩"的命题，反对把自然规律（"天道"）与社会规律（"人道"）混为一谈，并以此作为思想基础，否定祭龙的迷信活动，指出"吾无求于龙，龙亦无求于我！"

春秋时期，在天命神权观念有所削弱的同时，朴素唯物主义的世界观也有所增强。齐国的管仲提出"仓廪实而知礼节，衣食足而知荣辱"的著名论断，指出"知礼节"、"知荣辱"的道德观念离不开"仓廪实"和"衣食足"这样的经济生活条件。他肯定事物自身包含的矛盾以及对立面之间的转化，并把矛盾转化的观点运用于自己的政治实践，"因祸而为福，转败而为功"。他重视"予"与"取"之间的辩证关系。"知予之为取，政之宝也。"认为懂得"予"就是"取"的道理是政治上的一大法宝。他反对执政者只知一味地取之于民而不给予民众以实际的利益，认为"予"和"取"是对立的统一，"予"可以转化为"取"，没有"予"也就没有"取"。齐国的晏婴对"和"与"同"的意义有所发挥，指出"和"与"同"是两个不同的哲学概念，认为"和"是相反相成。他以做菜为例，说明性质上不同或者相反的东西（如水、火、醋、酱、盐、梅、鱼肉等）结合在一起才产生好的味道。而没有差别和对立的"同"则好比清水加清水，不能形成美味。他还提出可否的辩证观，即肯定与否定的辩证观，认为肯定中包含着否定，否定中包含着肯定，两者可以互相转化。晋国的史墨提出事物"各有妃耦（音ǒu）"，即事物自身包含着对立面的矛盾观，认为矛盾与对立是普遍存在的，比如，天上由于有日、月、星（三辰）的不同而形成明暗的相反相异，地上由于有金木水火土（五行）的不同而形成各种物质的相反相异，人的身体有左与右的相反相异；在社会生活中，国王身边有与他相异的公存在，诸侯身边有与它相异的卿存在。社会上的事物都包含着矛盾："皆有贰也。"史墨由此出发，提出关于发展变化的观点，他指出"社稷无常奉，君臣无常位"是自古以来的共同现象。正因为这样，他认为鲁昭公失位而季氏兴起也是历史发展中的必然现象。齐国的孙武提出了系统的军事哲学思想。他驱散了在战争问题上的神秘主义迷雾，指出贯穿于战争全过程的是实际的利益，主张"合于利而动，不合于利而止"，以此作为一切军事行动的基本原则。他对有关战争问题的考虑体现了物质第一性、意识第二性的观点，认为战争的胜败取决于客观物质条件，主张全面考虑影响战争的各种因素（包括政治、军事、天时、地利等等），提出决定进攻、防御或退却的基础是实力。他把辩证法应用于军事领域，认为战争是一系列的矛盾运动，并抓住敌我、主客、众寡、强弱、动静、饥饱、劳逸、攻守、进退、奇正、虚实、勇怯、久速、治乱、胜败、利害等矛盾，对战争的战略和策略作了分析。他把战争的全过程看作了解、掌握情况的过程。他的著名论断是"知彼知己者，百战不殆"，"不知彼，不知己，每战必殆"。越国的范蠡（音ǐ）在哲学上强调主观必须与客观相结合，指出"人事必与天地相参，然后乃可以成功"。他认为在客观条件还不具备的时候，不要去做那些根本办不到的事情，"时不至不可强生，事不究不可强成"，"强索者不祥"。他在尊重客观规律性的同时，主张积极创造条件，取得最佳的效果，"用力甚少而名声章明"。

在春秋哲学以至整个中国哲学中，老子和孔子的思想都占有重要地位。

老子（约公元前 571～前 472 年），春秋时期思想家，道家学派创始人。名聃（音 dān），字伯阳，楚国苦县（今安徽亳县，一说在今河南鹿邑东）厉乡曲仁里人。任周王朝征藏史，掌管图书。后失去官职，并离开周王朝，到达秦国。过函谷关，应关尹子的请求，撰写《道德经》。老子建立了以"道"为最高范畴的思想体系。他所说的"道"是"非常道"，即超越常规常识的"道"。老子主张用这种"道"对世界作出解释，认为"道"是宇宙的原始状态。它是没有固定形体的东西，在天地形成以前早已产生，独立而无所依附，循环运行而不停息。老子认为，这种"道"就是世界的本原，天地万物都从"道"产生出来。万物的生灭变化没有穷尽，"道"也没有穷尽。老子在用"道"表示宇宙的原始状态和世界本原的过程中，着重阐明"道"的自然本性，提出"道法自然"和"莫之命而常自然"的命题，认为从茫茫宇宙到天地万物都是自然而然地演进和发展的，即"无为自化"。这种无为自化的观点对传统的天命神学表示否定，认为超自然的力量是不存在的。老子还把无为自化的观点运用到社会政治领域，主张"我无为而民自化，我好静而民自正，我无事而民自富，我无欲而民自朴"，反对统治者的扰民政策。老子认为，万物由"道"生成以后，在其发展变化的过程中，否定的因素起着特别重要的作用。老子处处强调"正"中之"反",并进而提出"反者道之动"的命题,认为"反者"即否定因素,是"道"自身运动的基本力量。这个命题反映了老子辩证法的基本特点,表现了深刻的洞察力。老子认为,在事物自身中包含着他物,任何事物都是正与反、肯定与否定的对立统一。用老子的话来说,这就叫做有无相生,难易相成,长短相形,高下相倾,音声相和与前后相随。所谓"相生"、"相成"、"相形"、"相倾"、"相和"、"相随"等等,是指对立面之间互相联系、互相依赖的关系。由于"正"中存在着"反",所以,老子认为世界上没有也不可能出现绝对纯粹、绝对完美的事物。比如,明道实质上包含着暗,进道实质上包含着退,夷(平坦的)道实质上包含着险阻。他有一句名言:"祸兮,福之所倚;福兮,祸之所伏。"认为祸患与幸福联结,幸福中也潜伏着祸患的因素。老子不仅从"正"中之"反"提出他的辩证观点,而且建立他的整个思想体系。"反者,道之动;弱者,道之用"。一"反"一"弱"构成了老子思想的基本倾向。在"反"和"弱"的关系中,"弱"是基础。柔弱是"道"的实际效用,或者说是"道"的表现形态。因此,"贵柔"即崇尚柔弱是老子整个思想体系的根本特点。老子认为,柔弱是生气蓬勃的表现,刚强则是死亡的象征;柔就是坚,最柔就是最坚。老子要求人们在懂得什么是雄强、纯洁和荣耀的情况下,要安于雌弱、污黑和卑辱。老子的哲学命题概括性很强,抽象思维水平很高。对于这些哲学命题,需要进行具体分析，才能正确把握它们的价值和意义。比如，"柔弱胜刚强"的命题就具有部分的真理性。在自然界和社会生活中，都不乏柔弱胜刚强的事实。但是，如果把这个命题绝对化，认为在任何情况下"兵强则灭，木强则折"，以柔弱为荣，以刚强为耻，那就是错误的、有害的。老子的其他许多哲学命题也往往具有二重性。

孔子（公元前551～前479年），春秋时期的思想家、教育家，儒家学派创始人。名丘，字仲尼，鲁国陬（音 zōu）邑昌平乡（今山东泗水县东南）人。做过中都宰与司寇。一生主要从事教育事业与文化典籍的整理工作。孔子在政治上主张物质因素（"足食"、"足兵"）与精神因素（如道德）的统一，更强调精神因素的作用；主张君臣上下的协调，更强调执政者的表率作用；主张国与家的结合，而以家庭为基础；主张德与刑的结合，而以德为基础（"为政以德"、"道之以德，齐之以刑"）。孔子认真探讨并挖掘人的精神生活的巨大潜能，建立了富有光彩的道德学说，认为道德是精神生活的升华，是在崇高目标统率下的合理的思想和行为；作为崇高目标的"道"比个人的生命还重要得多。他说，假如我早上获得了立身行事的正道，即使晚上死去也心甘情愿（"朝闻道，夕死可矣"）。他所追求的"道"是"君子之道"，也就是理想人格所必须具备的最高行为规范。孔子把实现"道"的坚定意向叫做"志"。他认为，实现"道"的坚定意志是任何力量都无法改变的。比如说可以迫使一国的军队丧失最高统帅，却不可迫使普通老百姓放弃他自己的主张或志向（"三军可夺帅也，匹夫不可夺志也"）。孔子把"道"与"志"作为道德行为的前提，认为道德必须建立在自觉地对自己严格要求的基础上，主张"求诸己"，即事事处处从自己做起，"不怨天，不尤人"；不怕别人不了解自己，就怕自己不了解别人；不怕没有职位，就怕自己没有本事胜任自己的职位。孔子主张"躬自厚而薄责于人"，即多检点自己而少责备别人；主张随时随地从正反两方面吸取经验教训：见到贤人要学习他的长处，向他看齐，见到不贤的人要作自我反省，自觉地与错误的东西划清界限；主张有了错误，要勇于改正（"过则勿惮改"）；主张自己虚心学习，又乐于开导别人，做到"学而不厌"，"诲人不倦"。孔子提倡的以律己为主要内容的道德学说具有两个鲜明的特点：一是通过律己促进人际关系以至整个社会的安定和谐，即"修己以安人"，"修己以安百姓"；二是律己以明确的是非观念作为基础，首先要划清善与不善的界限，然后分别采取不同的态度："择其善者而从之，其不善者而改之"。仁学是孔子道德思想的核心。"仁"的基本内容是"忠恕"，这是处理自己和别人关系的基本原则。"己所不欲，勿施于人"，意即自己所不喜欢的东西或事情，不要强迫别人接受，这是"仁"的消极意义，也是"仁"的最起码的要求。"己欲立而立人，己欲达而达人"，意即自己有所成就也要使别人有所成就；自己行得通，也要使别人行得通，这是"仁"的积极意义。孔子主张由"仁"而达到"圣"，做到"博施于民而能济众"，通过自觉修养而实现人际关系与社会的安定和谐，这就是仁学的基本精神。孔子所讲的仁是与礼结合起来的，仁不能离开礼，仁要由礼来规定，这就是所谓"克己复礼为仁"。"克己"以严格要求自己为主要内容，"复礼"是指回归于礼。春秋时期礼坏乐崩，以周礼为主要内容的社会规范丧失了权威。孔子认为这正是当时"犯上作乱"以至社会动乱的重要原因。在他看来，没有礼就丧失了立身行事的根本（"不学礼无以立"），当然也就根本谈不到仁德。因此，孔子强调"复礼"的重要性，要求人们"非礼勿视，非礼勿听，非礼勿言，非礼勿动"，一切非礼的行为都在排斥之列。孔子在某些情况下认为"天"具有意志，承认天命的作用。但是，他对鬼神表示怀疑，至少是不提倡鬼神迷信。孔子在认识论方面主张"多见"、"多闻"、"必察"、"博学"和"每事问"，主张学与思的结合、知与行的结合、"温故"与"知新"的结合。在孔子的朴素辩证法思想中，最重要的是两点论，即"叩其两端"，注意事物正反两个方面，并从两端中求得行为的适当性，比如救贫施惠但不能造成浪费，叫人出力干活但不能使人产生怨恨的情绪，满足个人的欲望但不能发展到贪婪的地步，泰然自得但不可有骄傲的表现（"惠而不费，劳而不怨，欲而不贪，泰而不骄"）。

诸子蜂起　百家争鸣

　　战国时期是由诸侯割据过渡到中央集权的统一国家的时期。在这个社会大动荡、大变革的时期，各诸侯国为了推进社会改革和富国强兵运动，也重视文化的作用。当时，"礼贤下士"成风，聚徒讲学和著书立说成风，形成了"百家争鸣"的局面。这个局面的形成是由当时许多特殊的社会条件决定的，也与"士"的阶层出现有密切的关系。

士原来是属于西周封建领主贵族的最低阶层。他们享有一定数量的"食田"。随着春秋战国时期的社会大变动，士这个阶层发生了分化。他们之中有的失去了食田，失去了原来的职务而做了传授知识的老师，或者在地主阶级新政权中担任职务。原先作为领主贵族最低阶层的士逐步转化成了地主阶级的知识分子。同时，从地主阶级以至从个体劳动者中涌现出一批新的知识分子加入士的队伍中。这样，士的队伍显著扩大。进入战国时期，周王朝的力量进一步削弱，只得承仰诸侯国的鼻息。公元前 367 年，韩、赵两国把周分裂为西周和东周两个小国。这两个小国被诸侯国所包围，实际上成了诸侯国的附庸，不堪一击。随着王纲解纽，群雄争霸的斗争也愈演愈烈。在诸侯国进一步摆脱周天子控制的同时，"士"也进一步摆脱了封建领主制的束缚，获得了解放。战国时期的士可以到处游说，自由迁徙。魏相国公叔痤（音 cuó）的家臣卫鞅，到秦国以后被孝公任命为秦国的最高官职大良造，干出了一番显赫的事业。张仪本是魏国人，他曾两度做过秦国的相，也做过楚国和魏国的相。甘茂是下蔡一个普通的士，跑到秦国做了丞相，后来被齐国封为上卿，最后死在魏国。范雎（音 jū）本是魏国一介寒士，到秦国后被昭王任命为相并封为应侯。燕国的智士蔡泽，先后到赵、韩、魏等国游学，后来到秦国接替范雎做了秦国的丞相。燕昭王为了振兴国家，广泛招揽人才，结果苏秦、邹衍、乐毅、屈景分别从周、齐、赵、楚到燕国供职。类似的例子还可以举出很多。士在战国时期是一股颇大的势力。他们在社会生活的许多方面特别是在政治和文化方面发挥着巨大的作用。他们是"百家争鸣"的主要社会基础，是诸子百家的骨干力量，也是社会改革的中坚力量。

在春秋战国时期的"百家争鸣"中，涉及的问题十分广泛。其中包括政治、哲学、文学、经济、逻辑、文化、教育、道德、法律等方面的问题。各家议论纷纷，思维的花朵竞相开放。从哲学领域来说，我国从秦汉一直到明清各个时期所讨论的主要哲学问题几乎都能从春秋战国时期的"百家争鸣"中找到它们的源头。思想家们在争鸣中所表现出来的敏感、智慧和思想的深刻性，甚至使我们现代人至今还惊叹不已。这次"百家争鸣"，不仅是中国古代文化史上而且是世界古代文化史上一件了不起的大事。

在春秋战国时期的"百家争鸣"中，形成了许多学术流派。汉代史学家司马谈把其中的主要流派分为6家，即儒家、墨家、名家、法家、阴阳家、道德家（道家）。汉代学者刘向、刘歆领校群书，撰定《七略》，把先秦的学术流派分为10家，即除上述6家以外，另增纵横家、杂家、农家、小说家。对先秦学术流派的这种划分，几乎为中国以后各个时代的学者所接受，但它所反映的主要是秦汉时代某些学者的观点，未必很全面。比如，在上述学派中没有包括兵家。其实，军事问题是春秋战国时期一个重要的实际问题和理论问题，为各个学派所关注，其中，一些思想家对战争的正反两方面的经验教训进行了总结，形成了系统的军事理论。除了前面提到的孙武的军事哲学以外，司马穰苴（音 ráng jū）、尉缭和孙膑都有系统的军事哲学。另外，汉代学者对先秦的学派所作的上述划分也只具有相对的意义。先秦时期的各个学派固然存在着差别和对立，但它们之间也存在着内在的联系，可谓"殊途同归"。在先秦时期的各学派中，对中国文化影响较大的当推儒、墨、名、法、道、阴阳6家。现在对这6家作一些介绍。

儒家在孔子去世以后发生分化，形成了不同的派别。在战国时期，儒家的代表人物主要有孟子和荀子。孟子（约公元前385～前304年），名轲，邹国（今山东邹县）人。中年以后，游历各国，未被重用，生平主要从事教育和著述的工作。他提出以"仁政"为核心的政治理论，认为"民事不可缓"，主张"保民"、"养生"和"制民之产"，保证一般老百姓能够养得起父母妻子，过一种自给自足的和平生活。他主张改良政治，重用才德兼备的人士，做到"尊贤使能，俊杰在位"，"贵德而尊士，贤者在位，能者在职"。他提出重民论，指出"民为贵，社稷次之，君为轻"，认为民心的向背是决定战争胜负和事业成败的重要因素："得道者多助，失道者寡助"。他在主张"制民之产"，重视物质利益的同时，指出人生的意义在于有充实高尚的道德生活，即"尊德乐义"，认为义与利相比，义更加可贵，正义、节操与生命相比，正义、节操更加可贵，从而提出"舍生取义"的重要原则。这种舍生取义精神就是"富贵不能淫，贫贱不能移，威武不能屈"的大丈夫精神。孟子提倡先验论，认为人具有先验的"良知"、"良能"，仁义礼智信等道德意识与客观环境和实践活动无关，是人先天具有的。荀子（约公元前316～前238年），名况，字卿，又称孙卿。他早年游学于齐，是稷下学派的著名学者。他在哲学上坚持唯物主义的自然观，提出"明于天人之分"的论断，肯定自然界及其规律是离开人和人的意识而独立存在的，指出"天行有常，不为尧存，不为桀亡"。这里的"天"就是指自然界，它有自己的运行规律，这种规律与社会人事无关。荀子以肯定自然界的物质性为前提，认为星坠（陨石）、木鸣等某些怪异的自然现象是由自然界自身的原因引起的，并不可怕。他指出日、月、星辰、时节和土地等自然条件在禹和桀的时代完全相同，而社会却有一治一乱的区别，由此一方面肯定"治乱非天"，否定天命决定社会治乱的观点，也否定一般自然条件能够决定社会的变化；另一方面又主张人定胜天，"制天命而用之"，达到"天不能贫"、"天不能祸"而富国强兵的目的。在认识论方面，他肯定人具有认识事物的能力，也肯定事物可以被认识，"可以知，物之理也"。他重视感性经验，指出"缘耳而知声"、"缘目而知形"，认为由耳目等感官与外界接触才产生"知声"、"知形"的认识过程。他进一步要求"征知",即对感觉材料进行鉴别和思考的工夫,做到"是之则受,非之则辞"。他提出重行论,指出"知之不若行之","知而不行,虽敦必困"。他反对主观性和片面性,主张"兼陈万物",从各方面去考察问题。

墨家是先秦时期的一个学派,也是实行巨子制度的社会组织。墨者巨子是墨家集团的最高职衔。墨家以巨子为圣人,建立了严格的传授制度。孟胜、田襄子等人曾先后担任过墨者巨子的职务。孟胜(?~公元前318年)发扬墨者为义殉身的精神。他受托为楚国阳城君守卫、管理封国。楚悼王死,群臣在丧所射杀吴起,箭中王尸。阳城君因参加射杀活动,受到楚肃王的追究而潜逃,其封国被没收。孟胜见自己受托守卫、管理的封国没有保住,准备自杀。他认为只有以身殉义才算继承了墨者的事业。跟着孟胜自杀的有他的弟子180多人。这种集团性的自杀是墨家由显学变为绝学的原因之一。墨家学派的创始人是墨子。墨子,姓墨名翟,鲁国人,出身贫贱,做过木工,后为宋国大夫,门徒众多。他所创立的墨家学派代表当时小生产者的利益,其思想具有二重性。墨子一方面提出"尚贤"、"尚同"、"节用"、"节葬"、"非乐"、"非命"、"兼爱"、"非攻"等主张,"以兴天下之利,除天下之害"作为基本目标,反映了战国时期饱经战乱之苦的广大劳动人民的迫切要求和愿望。他主张"尚贤",即尊重和选拔贤才,特别是选拔劳动者中的贤才参加政权的工作,"虽在农与工肆之人,有能则举之"。他反对不劳而获，主张"赖其力者生，不赖其力者不生"。他提倡互相关心，互相帮助，"有力者疾以助人，有财者勉以分人，有道者劝以教人"，体现了当时劳动人民的美德。另一方面，墨子又主张尊天、事鬼，主张一切"唯上"："上之所是必是之，上之所非必非之"，反映了当时小生产者的狭隘性和依赖性。他在认识论上提出"三表法"作为检验真理的标准。所谓"三表"就是古代帝王的经验、老百姓耳闻目睹的事实、民众的实际利益。他提出检验真理的标准问题，这在认识论上具有重要的意义。但"三表法"没有真正解决这个问题，特别是没有肯定实践在检验真理方面的巨大作用。他重视感官的直接经验。但是，他认为事物的有与无完全由众人所见所闻的观感来决定，这种看法无疑是片面的。

名家研究名与实的关系问题。在春秋战国时期的社会大变动中，名实关系的问题非常混乱，成了一个重要的社会问题。名家为解决这个问题而提出了系统性的理论。名家的代表人物有邓析和公孙龙。邓析（？～公元前501年），郑国人。他是先秦逻辑思想的奠基人之一。他曾著《竹刑》，教人打官司。他在逻辑学上肯定对立命题的转换，并建立了"两可"的推理论，认为对立的两极并不是固定不变的，而是可以转化的。他从对立事物的转化进而提出对立命题的转换：以非为是，以是为非，是非无度，即认为肯定命题与否定命题是可以互换的。邓析的"两可"推理更为人们所重视。所谓"两可"推理，就是说"可与不可日变"，"可与不可无异"。前者立足于事物的发展，某种事物在今日看来为可，到了明日情况发生了变化则成为不可，因此说"可与不可日变"；后者立足于事物本身，事物本身所包含的矛盾在一定条件下是能够统一的，因此说，"可与不可无异"。公孙龙（约公元前320～前250年），赵国人。他提出"离坚白"论，指出人的感觉器官对事物的感受是不同的，就是说感受不同的对象需要发挥不同感觉器官的功能。比如，人们对于一块白色而坚硬的石头，视觉只能感觉到它的白而不能感觉到它的坚，触觉只能感觉到它的坚而不能感觉到它的白，说明视时无坚，触时无白。他认识到感觉器官的不同功能，这无疑是正确的。但他把人的视觉与触觉截然分开，否定感觉综合反映事物的能力则是不对的。他提出了"白马非马"论并以此论作为他的整个学说的基础。他使"白马"的概念脱离了马的客观性和具体性，认为讲马的颜色必须脱离马的形体，讲马的形体必须脱离马的颜色，剩下的只有抽象的词语"白"和"马"。这种抽象的词语"白马"不能指称任何马。"白马非马"论无论从概念或推理上看都存在片面性，甚至存在错误。但是，公孙龙以"白马非马"论为中心提出了逻辑上的许多新问题，从而丰富了逻辑思想。

法家的理论主要包含法、术、势三个部分。法，主要是指法律制度；术，主要是指政治艺术和政治权术特别是君主控制群臣的方法；势，主要是指君主的权势。法、术、势三者虽然各有侧重，但它们是一个具有内在联系的整体。战国时期法家的代表人物有商鞅、申不害和韩非。商鞅（？～公元前 338 年），姓公孙，名鞅，卫国人，故又称卫鞅，初为魏相公叔痤家臣。秦孝公元年（公元前 361 年）入秦，历官左庶长、大良造，前后执政 21 年，推行变法革新、富国强兵的路线，获得成功，被封以商於十五邑，号称商君，又称商子。他在秦孝公死后，被后继者杀死。他主张废除贵族的世袭特权，坚持法的统一性，宣布从卿、相、将军一直到普通老百姓，凡是不服从国王的命令违犯国法的人都要处以死刑。他主张废除井田制，确立土地私有制，实行重农重战的耕战政策。他反对甘龙、杜挚"法古无过，循礼无邪"的复古守旧观点，坚持发展进化的历史观，指出"三代不同礼而王，五霸不同法而霸"，"各当时而立法，因事而制礼。礼法以时而定，制令各顺其宜"，"治世不一道，便国不法古"。这种发展进化的历史观成为商鞅在秦国变法革新的思想基础。申不害（约公元前 400～前 337 年），郑国京邑（今河南荥阳县东南）人。公元前 375 年，韩灭郑，申不害以其术见重于韩昭侯，任为相，内修政教，外应诸侯，使韩国国治而兵强。他在先秦"法、术、势"理论体系中，着重强调"术"。他的术有三个要点：一是君尊臣卑，认为君主要用一切办法控制臣下，而不能让臣下控制君主。为此，他主张臣下一人一职，每人都向君主负责，君主应总揽大权而不亲细务，臣下则只亲细务而不揽大权，防止君主大权旁落。二是循名责实，认为臣下应按"名"，即按君主下达的指令或制定的法令办事。三是无为之术，认为君主的一言一行，臣下都会琢磨并设法对付，君主无为则可以避免臣下钻空子、授人以柄，也可以不为工作中的失误承担责任。申不害提倡"术"，一个重要目的是要保证君主实行个人独裁。韩非（约公元前 280～前 233 年），韩国人，出身于贵族世家，从小受到良好的教育。他见韩国日益削弱，多次上书，都未被韩王采纳，于是他"观往者得失之变"，著书立说。他的著作传到秦国，得到秦王政（即后来的秦始皇）的赞赏。但他入秦以后，未被信任，却被李斯、姚贾陷害致死。韩非的政治思想的主体是"法、术、势"理论，主张通过战争结束封建割据，实现封建统一；主张明法制，去私恩，赏罚分明，实行统一而严格的法治。他强调耕战的意义，主张农业与战争并重，以此作为富国强兵的基本内容。在哲学上，他吸取老子哲学的某些成分，特别是吸取其中"道法自然"的观点，形成了"道"与"理"相结合的哲学思想，认为"道"是事物的总规律，"理"是事物的特殊规律。他主张缘理而动，按规律办事。他首倡"矛盾之说"，提出"矛盾"的概念，认为两个矛盾的命题不能同时都真，必有一个是错误的。他反对先验主义的"前识"观点，认为在事物发生之前和事理发现之前就匆忙下结论是"前识"，指出"前识"是没有根据的胡思乱想。他主张对认识进行验证，要求"因参验而审言辞"，通过考实弄清事物的真相。他坚持发展进化的历史观，指出"世异则事异，事异则备变"，"事因于世，而备适于事"，主张治理社会的措施应适合变化了的社会状况，反对循古守旧思想。他力图从物质条件和利害关系上考察问题，指出"今之争夺，非鄙也，财寡也"，认为争夺的根源在于财产之寡少，而不是道德上的缺陷。

道家在老子以后有较大的发展，形成了不同的派别。战国时期，道家的代表人物有杨朱、子华子和庄子。杨朱，又称杨子、阳子、阳生、阳子居。战国初期思想家，杨朱学派的创始人。在哲学上，他主张贵己重生和个人的全性保真。战国时期，战争的规模越来越大，杨朱的贵己重生思想具有反对战争的明显倾向。《韩非子·显学》说，杨朱一派人物不参加军队，不上战场，隐居在安全的地方，把个人的生命看得高于一切。杨朱与墨翟并称，其思想言论发生过很大影响："杨朱、墨翟之言盈天下。天下之言，不归杨则归墨"，"逃墨必归于杨，逃杨必归于墨"。战国中期，杨朱学派非常活跃。《庄子·徐无鬼》说，儒、墨、杨朱、公孙龙与惠施五派，展开辩论，谁是谁非，没有定论。子华子，魏国人，与韩昭侯处于同一时代，主要活动年代在公元前 358～前 323 年之间。他和杨朱一样，是贵己重生思想的积极倡导者。他对不利于贵己重生的事都加以鄙视，更不把攻伐这类关系国家和民众命运的大事放在心上。因此，当魏国不少人议论攻伐的时候，子华子认为这类事情不屑一顾，只有贵己重生才合乎道。他说："全生为上，亏生次之，死次之，迫生为下。"所谓全生是指欲望得到适当的满足，所谓亏生是指欲望部分地得到了满足，所谓迫生是指欲望都得不到满足。所以，迫生不如死。子华子还进一步断定个人的生命高于一切。当韩、魏两国争地，韩昭侯忧心忡忡的时候，他对国土的得失表现出无所谓的态度，提议与韩昭侯订个契约：把统治整个天下的权柄摆在你面前，你左手拿它砍掉你的右手，右手拿它砍掉你的左手。韩昭侯到底不敢答应去拿。子华子由此得出"两臂重于天下，身又重于两臂"的结论。实际上是说，个人自身重于一切。这是道家贵己重生派的基本思想。庄子（约公元前 369～前 286 年），名周，宋国蒙（今河南商丘市）人，做过漆园吏，后一直隐居。楚王派使者赠以千金，并许他做宰相都被他拒绝。他在哲学上肯定空间和时间的无限性，指出"无物而不变，无时而不移"，认为物质的运动是绝对的。他以"道"作为哲学思想的基础，打破了是与非、贵与贱、大与小、寿与夭、成与毁、可与否等对立事物之间固定不变的界限，这对于发展正确的认识具有重要的意义。但是，庄子同时认为，"以道观之，物无贵贱"。他在"道通为一"的口号下，否定了事物质的规定性，认为草茎与梁柱、丑妇与美女完全一样，毫无区别，从而得出了"以死生为一条，以可不可为一贯"，"万物一府，死生同状"的结论。庄子以鲜明的形式提出人应当怎样生活的问题，或者说，怎样的一种生活才算符合"道"的要求。简单地说，自然、无为和逍遥是"道"的基本要求，是人生的基本方向。庄子的人生自然论，认为人的自然本性要求对社会生活、社会组织的超脱，要求对物质文明的超脱，认为社会组织形式和人们实践活动的结果都是同人的自然本性不相容的。比如，马用蹄子践踏霜雪，用皮毛抵御风寒，吃草饮水，在原野上奔跑，这就是马的自然本性。如果人为地将马加以驯服，削马蹄，剪马毛，备上鞍子，带上辔头，然后时不时地用鞭子抽打，这样，人为地对马进行改造，马就很少不被整死，因为人们对马的改造恰恰违反了马的自然本性。人本身也一样，人们为改造自然和社会所作的种种努力也恰恰造成了人自身的痛苦和不幸。正因为这样，人必须无为。庄子的人生无为论主张混混沌沌，既不考虑名位，又不需要智谋，更不把任何事情放在心上。在这种自然无为的状态下，才能够逍遥。庄子的人生逍遥论主张"忘其肝胆，遗其耳目，反复终始，不知端倪，茫然彷徨乎尘垢之外，逍遥乎无为之业"，这样的逍遥就意味着泯灭事物的界限，忘掉身外的一切事物，在自己的思想上造成一个"同于大通"的混混沌沌的状态。庄子以自然、无为、逍遥为主要内容的人生哲学，在历史上虽然起过不同的作用，但其中的消极作用却是非常明显的。

阴阳家又称阴阳五行家，它以五行观念和术数为基础对世界作出解释。其实，五行观念也属于术数。汉代学者刘向、刘歆编写的《七略·术数略》把天文、历谱、五行、蓍（音 shī）龟、杂占、形法都称为术数。术数虽然包含某些科学的成分，但巫术迷信和神秘主义的观念却占据了主导地位。阴阳家的思想渊源可以追溯到原始社会的巫术迷信观念，到春秋战国时期已经形成了比较完整的思想体系。裨灶和梓慎是春秋时期阴阳五行家的代表。裨灶是郑国大夫，主要活动年代在公元前545～前524年。他把星象、灾异与阴阳五行相结合，附会人事吉凶。公元前533年夏四月，陈国遭受自然灾害。他预言5年以后陈国将复封，复封52年以后将灭亡。他开了战国时期阴阳家邹衍"五德终始"（五德转移）说的先河，运用水、火、木、金、土五种物质相生相克和终而复始的循环变化来说明王朝兴替的原因，认为陈国属水，而楚国属火，按照五行相生的原理，水与火相妃相配，这就决定了陈国要受楚国统治。但是，五行不仅相生而且转变为相克。星象的变化显示了这种转变。他断定火星（心宿）出现在陈国的上空，表明驱逐楚人而重建陈国的日子一定要到来。公元前545年，岁星失位，裨灶由此断定周王及楚子即将死亡。公元前532年，他在观察星象以后说：这一年的七月晋国的国君要丧命。公元前525年，他从星象的变化，预言宋、卫、陈、郑4国在同一天要发生火灾。阴阳术数思想是同鬼神观念结合在一起的。裨灶作出的种种预言，实际上是鬼神的启示。当他预言郑国要发生火灾的时候，坚持动用国家的玉制宝器去祭鬼神，以禳除火灾，受到子产的反对。梓慎是春秋时期鲁国大夫，主要活动年代在公元前545～前518年。他处处把自然现象同社会政治人事牵合在一起，并把前者看作后者吉凶休咎的征兆或原因。公元前545年春，鲁国打算举行祭祀，梓慎预言开祭的那天会出现灾祸，其根据是他已经觉察到了妖恶之气，从而能够预报吉凶。公元前 525 年，他根据星象的变化，预言宋、卫、陈、郑 4 国要发生火灾；公元前 522 年，他登台望气，预言宋国有大乱，蔡国有大丧。他经常谈到日食、月食和其他的天象。但是，他不是把天象作为客观的研究对象，而是极力把它神秘化。战国时期阴阳家的重要著作有《管子》的《幼官》（据考证当为《玄宫》）和《月令》（《吕氏春秋》十二纪中每一纪的第一篇）。

二 两汉哲学

公元前 221 年，秦始皇完成了统一大业，建立了中央集权制的封建国家。可是，这个国家只维持了短短 15 年时间，就在农民起义中灭亡。公元前 202 年，刘邦建立了西汉政权。这个政权大约持续了 210 年，后被王莽篡夺。公元 25 年，随着王莽政权的结束，建立了以刘秀为代表的东汉政权。西汉和东汉都是中央集权制国家，但政局复杂多变，在文化和哲学方面，具有许多新的特点。简单地说来，两汉时期是从批判思潮开始，又以批判思潮终结的。

西汉初期，思想家们对秦王朝的政策进行了批判。其中的代表作当推贾谊的《过秦论》。贾谊在这篇文章中指出，秦始皇统一全国的政策得到了人民的拥护，认为在统一前的诸侯割据之下"强侵弱，众暴寡，兵革不休，士民罢敝"，民众希望在新的政权下过和平安定的生活，却重新陷于水深火热之中。贾谊在对秦王朝的政策作了多方面的分析批判以后，把秦王朝迅速灭亡的原因归结为一句话："仁义不施而攻守之势异也"。因此，在西汉初期，秦王朝所提倡的法家思想受到冷遇，甚至被明令禁止，而主张清静无为的黄老思想占据了主导地位。汉武帝即位以后，以仁义为重要内容的儒家思想逐渐占据了主导地位。

同秦王朝一样，两汉政权没有也不可能消除封建制度下所固有的矛盾。两汉之际，由于统治者提倡阴阳灾异和谶（音 chèn）纬迷信，于是形成了以王充为代表的批判阴阳灾异和谶纬迷信的思潮。东汉末年政治极端腐败黑暗，民不聊生，又出现了以赵壹为代表的批判当时朝政的思潮。赵壹在《刺世疾邪赋》中对当时社会的黑暗面作了揭露和鞭挞，画出了一幅人妖颠倒的社会图画，认为邪恶的力量日益得势，健康的力量日益消亡。舐痔者结驷连骑，正直的人士一无所有；奸邪之徒高官厚禄，忠直之士老死岩穴；从各级官吏到皇帝，都结党营私，信奸邪而斥忠良，沉迷于个人的嗜欲而不顾国家的安危。赵壹指出，东汉政权已处于"积薪而待燃"之势，随时可以引起熊熊大火。他坚定地表示同当时的社会势不两立，他说："宁饥寒于尧舜之荒岁兮，不饱暖于当今之丰年。乘理虽死而非亡，违义虽生而匪存"。他希望理性社会早日出现，宁愿在公正的社会里过饥寒的日子，也不愿在当时那种社会里过饱暖的生活。他的批判思想在历史上颇有影响。

对秦王朝的批判，对阴阳灾异和谶纬迷信的批判，以及对汉代社会的批判，构成了汉代哲学和汉代文化的重要内容。

西汉初期的黄老思想

刘邦建立西汉政权以后，面临着医治战争创伤、恢复生产和巩固政权的严重任务。要完成这个任务，首先在指导思想上要有所转变，即由攻转变为守，以便同秦王朝以刑罚为主的暴力政策区别开来。经过长期战乱之后，当时全国上下希望安定。黄老的清静无为思想恰恰适应当时社会的需要，为西汉统治者所提倡。黄老思想，全称为黄帝、老子的思想。它产生于战国中期。战国中期的稷下学者慎到、田骈、接子、环渊以及申不害、韩非等人都学习、研究黄老思想或者受到黄老思想的深刻影响。从内容上看，黄老思想所包含的刑名思想、虚静思想和自然无为思想能够适应不同时期具体政治形势的需要。刑名思想成了韩非等人的法家思想的一部分，虚静思想成了西汉初期休养生息政策的思想基础，自然无为思想成了王充等人的唯物主义的思想基础。

西汉初期，提倡黄老思想的人不少。曹参、汲黯和窦太后是其中的代表人物。曹参推崇黄老思想，并将黄老思想用于政治实践。他到齐国任丞相不久，即延请著名黄老学者胶西盖公至齐，就如何"安集百姓"的问题有所垂询，并欣然接受盖公"治道贵清静而民自定"的观点，作为治理齐国的基本指导思想。他做齐相9年，使齐国出现了安定的局面。公元前193年，他任汉丞相以后，在更大范围内推广黄老思想。汲黯同样把黄老思想贯彻于政治实践之中。他在东海太守的任上坚持清静无为的方针，收到了大治的效果。窦太后是汉文帝的皇后，生平笃信并提倡黄老思想，对于反对或贬低黄老思想的人，采取严厉的措施。在景帝的时候，她召见一个名叫辕固生的儒生，问他对《老子》的看法。辕固生是清河王太傅，以治《诗》征为博士。他尊崇儒学而鄙薄道家，他在回答窦太后的问题时认为黄老思想不过是老生常谈。窦太后听后大怒，罚辕固生到猪圈里同野猪搏斗。景帝知道辕固生没有罪，就暗中给他一把利剑，野猪应手而倒。太后无话可说，不再给辕固生定罪。这个事实表明，窦太后坚决维护黄老之学，黄老之学同儒学的斗争在西汉初期是很激烈的。

在西汉时期坚持黄老思想的人中，还有司马谈和《淮南子》的编纂者刘安。司马谈在《论六家要旨》中对道家即黄老学家作了高度评价，认为黄老思想集中了先秦时期其他各家思想的长处，从而优于其他各家的思想。由淮南王刘安主持编纂的《淮南子》虽然包含了儒、墨、名、法、道等各家的思想成分，但以道家即黄老思想作为主干。

西汉初期的黄老思想虽然在促进当时社会安定方面起过积极作用，但他的消极作用也很明显。比如，曹参在坚持黄老思想的过程中，对事情无原则地采取息事宁人的态度。对一群整天饮酒、唱歌、叫喊的官吏，不但不制止，反而在自己相府后园摆上酒席，找一群人喝酒、唱歌、叫喊，两相应和。遇到下级官员前来请示汇报，他不等人家开口，先给酒喝，喝完以后什么也不说，让人一走了事。他一味保守祖宗成法，不思创新，曾对惠帝说："高帝与萧何定天下，法令既明，今陛下垂拱，参等守职，遵而勿失，不亦宜乎？"认为祖宗的成法已很完善，只要善于保守就万事大吉。他用自己的言行表明，黄老之学即使在西汉初期的政治实践中也显出消极的作用。汲黯以清静无为、"不苟小"为借口，对有关国计民生的一些问题采取回避矛盾、抹杀矛盾的态度，表现了当时黄老之学的消极意义。比如，他曾受武帝派遣前往出事地点，处理东越相攻的暴乱事件，但他未至其地便中途返回，声称"越人相攻，固其俗然，不足以辱天子之使"，认为东越闹乱子是不必过问的小事。后来，他又受武帝派遣前往河内（今河南武陟县西南）处理火灾事件，认为这场烧毁千余家的大火灾也是不必介意的小事，回报说："家人失火，屋比延烧，不足忧也"，把黄老的清静无为演变成了玩忽职守、不管民众死活的官僚主义。

天人感应与阴阳灾异思想

以清静无为为基本宗旨的黄老思想，随着西汉政权的逐步巩固而丧失主导思想的地位。汉武帝即位以后，推行"罢黜百家，独尊儒术"的方针。但是，汉代的儒术已经不同于以孔子为代表的儒家思想，而是适应汉代社会需要的儒家经学。这种经学在汉代分为明显的两个派别，即今文经学和古文经学。今文经学所依据的儒家经典是用当时通行的隶书写的，而古文经学所依据的儒家经典则是当时被发现的用古篆书写的。当然，这两派的分歧主要不是使用儒家经典的分歧，而是基本思想倾向上的分歧。

今文经学把儒学谶纬化、宗教化。所谓谶，是指宗教的隐语或神的启示。比如，秦始皇的时候有一条谶语："亡秦者胡也"。它隐含着胡人威胁秦王朝的意蕴，被秦始皇理解为匈奴入侵的危险性，于是派重兵防守边境，修筑长城。汉光武帝刘秀即位以前，有一条谶语："刘秀发兵捕不道，卯金修德为天子。"它隐含着刘秀称帝的意蕴，被作为神的启示而为刘秀所利用。所谓纬，是对经而言的，本来是指布的横线，经则是指布的直线。汉代的纬书是对儒家经典的补充和发挥。儒家有6种经典：《易》、《诗》、《书》、《礼》、《乐》和《春秋》。纬书同样有《易纬》、《诗纬》、《书纬》、《礼纬》、《乐纬》和《春秋纬》。此外，还有《孝经纬》。同一纬书又包含几种著作，比如《易纬》有6种，《书纬》有5种，7纬共35种。与这些书的倾向大体相同的著作还有伏生的《尚书大传》、京房的《易传》，以及有关中候、符命、图箓（音lù）的书都可以称为纬书。西汉成帝、哀帝之世的李寻提到"五经六纬"，这证明，纬书至迟在西汉成、哀之世已经成书并在社会上流行。纬书是儒家思想与阴阳术数的混合体。它是儒家思想的继续与变形，它以阐发儒家经典的形式宣扬阴阳术数和迷信思想。它把儒家的六经神秘化，把儒学的创始人孔子说成是超人的教主，是预先为汉代确立法律制度的神灵。纬书以天人关系问题作为核心，它所讲的天与人的关系，实际上是神与人的关系。纬书虽然在某些场合也承认天的客观性和物质性，但从总体上看，天却是以神的状态出现的："王者上感皇天则景星现"，"王者上感皇天则鸾凤至"。在它看来，天是有意志的人格神，天用灾异向人进行谴告，用祥瑞向人预示吉兆。天自始至终处于启示人、摆布人的地位，而人则只能对天表示顺从。纬书按照董仲舒的"美事召美类，恶事召恶类"的思想，把天说成是明察秋毫，并且能够对人世间的一举一动迅速作出反应的神明："神明之应，疾如倍风吹鸿毛"。纬书的重要特点在于强调神对于社会人事的干预。

与今文经学把儒家思想谶纬化、宗教化的倾向不同，古文经学则力图发挥儒家思想的本来意蕴，把孔子作为思想家和学者加以肯定。在汉代，今文经学为朝廷所提倡和支持，成为官方的意识形态；古文经学则是民间的学术派别。前者的代表人物是董仲舒，后者的代表人物有扬雄、桓谭和王充。

董仲舒（约公元前179～前104年），广川（今河北枣强县）人。景帝时博士。武帝即位，对以天人三策。后任江都王相国。不久，辞去官职，从事著述活动。在政治上，他同贾谊等人一样，很注意总结和吸取秦王朝迅速灭亡的教训，提出"任德远刑"，即实行王道仁政、爱民利民的方针，主张"退而更化"，限制豪强，解放奴婢。此外，还主张盐铁由民间经营，减轻赋税和徭役，以缓和当时的阶级矛盾。在哲学上，他为了给汉王朝的专制统治提供理论根据，对"天"进行了种种规定，认为"天"是最高的主宰，是"百神之大君"；"天"是万物的创造者，"万物非天不生"；"天"是王位的授予者，"天"把王位分别授予尧和舜，尧和舜接受天命才取得统治天下的权力，王位的拥有者都是按天意行事的。董仲舒提出天人合一论，认为天与人属于同类，天与人一样都具有阴阳之气和喜怒哀乐的情感。不仅如此，人有什么，天也有什么。人有小骨节 366 块，与天的日数（一年的日数）相同；人有大骨节 12 块，与天的月数（即一年的 12 个月）相同；人有五脏，与天的五行数相同；人有四肢，与春夏秋冬四时相同。董仲舒用人去比拟天，认为天是人的放大。他所说的天人合一，实际上是按人的模样对天所作的种种设想。这种把天拟人化的思想不承认自然界的客观性与规律性，认为人是什么样子，天（自然界）也必定是什么样子。"天"实际上变成了一个有目的、有情感、有意志的神。董仲舒的天人感应论，一方面借天威来限制君权，这叫做"屈君而伸天"；另一方面借天威来胁服民众，这叫做"屈民而伸君"，从而，告诫民众只有在封建统治者面前服服帖帖，安分守己，才能避免"天"降下的灾害。这两个方面以天为最高主宰互相结合起来。董仲舒用"以人随君，以君随天"这句话概括这两方面互相结合的特点，即：天—君—民（人），天约束君主，君主约束民众。这表明天人感应论的实质在于借天威来协调君民的关系，巩固专制统治。董仲舒还提出"道之大原出于天，天不变道亦不变"的论断，认为作为封建社会根本法则的"道"是永远不变的。比如，阴阳之道总是表现为阳尊阴卑，阳贵而阴贱，阳气在自然界中永远占主导地位，阳性的力量（君、父、夫）在社会生活中也永远成为阴性力量（臣、子、妇）的统治者，从而为封建秩序和纲常名教提供了理论基础。董仲舒还把"奉天"、"尊王"的观点贯彻到人性的问题上，肯定人具有先天的善性。但他认为这种善性只是人可能向善的一种因素。这种因素叫做"善质"。有了"善质"并不等于有了"善"本身。只有接受帝王的教化，才能从"善质"发展为"善"的道德。"中"与"和"是董仲舒的哲学体系的两个最重要的概念："中者，天下之所始终也；而和者，天地之所生成也。夫德莫大于和而道莫正于中。中者，天地之美，达理也，圣人之所保守也。"董仲舒认为中和之道就是天之道。他力图证明万物的生成，四时的更替，乃至东西南北方位的变化都符合或体现了中和的原则。一切事物，包括阴阳之道、日月的运行和长短的屈伸，都"不得过中"。中是天地的极限，也是一切事物的极限。董仲舒在把"中"作为事物的极限和标准以后，最关心的一个问题是守中而"不得过中"的问题。为了守中，就必须强调"和"，这使董仲舒的哲学思想具有调和矛盾的色彩。

董仲舒的天人感应和阴阳灾异思想有着久远的思想渊源。它与原始社会的神灵崇拜特别是与殷周时期的天命神学有密切的关系。天人感应的一个共同特点是把自然灾害的原因归结为社会的人事政治。比如，西汉初期的陆贾说，治道失于下，则天文度于上；恶政流于民，则虫灾生于地。他认为虫灾等自然灾害是由于不良的政治局面造成的。贾谊也说"知恶而弗改，必受天殃"。汉代的天人感应论是由陆贾开始而由董仲舒完成的。

在汉代哲学中，天人关系问题占有重要地位。天是作为物质的自然界与人发生关系，还是作为有意志有目的的神与人发生关系，这是汉代哲学的一个根本性的问题。因此，坚持还是批判天人感应的思想体系就成了汉代哲学的重要内容。

对天人感应和阴阳灾异思想的批判

汉代一些哲学家围绕天人关系问题对天人感应和阴阳灾异思想进行了批判。

扬雄（公元前 53～公元 18 年），字子云，蜀郡成都（今属四川省）人。自幼好学，博览群书。在哲学上，他建立了以"玄"为最高范畴的思想体系，认为"玄"是万物的本原。作为万物本原的"玄"是看不见位置、边界和根源的东西。它上弥漫于苍天，下弥漫于深渊，纤细到可以藏在一茎草之内，大到可以把整个大地笼罩起来。这个无状无形、无边无垠、弥漫一切空间的"玄"，实际上就是物质性的精气。扬雄进一步指出，"玄"没有意志和目的，"天"也不曾"雕刻众形"，从而否定了天人感应论。扬雄对神怪也有所否定，认为人的生死与神怪无关，纯粹是自然现象。他说："有生者，必有死；有始者，必有终，自然之道也。"他提出"因"与"革"的哲学范畴，并揭示"因"与"革"之间的辩证关系。他说："夫道有因、有循、有革、有化。……夫物不因不生，不革不成。故知因而不知革，物失其则；知革而不知因，物失其均。革之匪时，物失其基；因之非理，物丧其纪。"认为事物的生成与发展既需要有继承（"因"），也需要有变革（"革"）；继承中包含着变革，变革中包含着继承；"革"要合乎时，"因"要合乎理。在认识论方面，扬雄主张如实认识客观事物，认为作者可贵的地方是对事实有所遵循，从而能够体现出自然的面貌。为此，他提倡多闻多见，以获得丰富的感性知识："多闻则守之以约，多见则守之以卓。寡闻则无约也，寡见则无卓也。"在人性论方面，他是性善与性恶相混论的倡导者，认为"人之性也善恶混。修其善则为善人，修其恶则为恶人"。他强调学习在修身养性上的重要作用，认为通过学习能够使人视、听、言、貌、思趋向正确，从而使善性得以加强。

桓谭（约公元前 20～公元 56 年），字君山，沛国相（今安徽宿县）人。他在当时谶纬迷信居于统治地位的情况下，曾上疏反对谶纬，"极论谶之非经"，被光武帝目为"非圣无法"，几乎斩首。他指出世界上本来没有"奇怪虚诞之事"，某些人热衷于制造谶纬迷信是出于"欺惑贪邪"等不可告人的目的，主张"屏群小之曲说，述五经之正义"。他用当时医药学的成果批判"天生杀人药，必有生人药"的神学目的论。他说，有一种叫钩吻的草（断肠草），人吃了就死，只是因为这种草"不与人相宜"，并不是"天"为着杀人的目的而故意生出这种草来。他批判灾异论，否定灾异是"天"发出的警告或者表示惩罚。他说："灾异变怪者，天下所常有，无世而不然。"他认为灾异是任何时代都可能发生的自然现象，并不是上天的谴告。他驳斥长生不死的仙道，认为生死代谢是一种自然趋势，而不是人力所能够抗拒的。他说："生之有长，长之有老，老之有死，若四时之代谢矣。而欲变易其性，求为异道，惑之不解者也。"在形神关系上，他反对精神可以离开形体而独立存在的观点，认为精神必须以形体作为基础。他说，精神居住在形体之中，就像火光依赖于蜡烛一样，"烛无，火亦不能独行于虚空"。人到老年，"气索而死，如火烛之俱尽"。形体没有了，精神也不可能存在。在桓谭看来，人的形体决定人的精神，精神不能离开形体而独立。形体是第一性的，精神是第二性的。但桓谭没有把精神看作形体的一种属性，错误地认为人在死后精神可以脱离肉体，"忽如卧出"。

王充（公元 27 ~ 约 97 年），字仲任，会稽上虞（今属浙江省）人，出身于贫寒之家。约 16 岁时赴洛阳入太学，博览群书而不守章句，常过目成诵，不久即博通众流百家之言。王充吸取了当时自然科学方面的成果，继承了先秦以来唯物主义的思想传统，把反对谶纬迷信的斗争提到了新的水平。"实事疾妄"是王充的唯物主义思想的基本内容和特色。王充把当时形形色色的虚妄之论分为两大类。一类是没有事实根据的妄说妄传，其中有九种具有代表性的虚妄之论，王充称之为"九虚"，即书虚、变虚、异虚、感虚、福虚、祸虚、龙虚、雷虚、道虚。王充在他的主要著作《论衡》中分别对这些虚妄之论作了批判。以书虚为例：当时的人轻信书本，认为书本上写的都是圣贤们的话，一点都不会错。王充指出不可迷信和轻信书本："传书之言多失其实"。另一类是没有根据的妄增，添油加醋，歪曲事实真相。王充把其中有代表性的虚妄之论概括为"三增"，即语增、儒增、艺增。他在《论衡》中也分别对这些虚妄之论作了批判，并指出妄增是病态社会的一种病态心理："故誉人不增其美，则闻者不快其意；毁人不益其恶，则听者不惬于心。闻一增以为十，见百益以为千。"王充对虚妄之风的批判，不仅表现了求实的精神，而且表现了敢于怀疑和善于独立思考的精神。在哲学上，他在批判以谶纬为代表的虚妄之风的过程中，建立了以"实事疾妄"为基本精神的哲学体系，而以天体物质论、天道自然论和精神依赖形体论作为这个哲学体系的 3 根支柱：①以盖天说作为天体物质论的理论支点，指出天是体而不是气，"天之与地皆体也"，认为天是像地那样的物质实体，它没有欲望和目的，不能与人互相感应。"天无口目"，天"无口目之欲，于物无所灾，皆同一状，未必人君政教所致"，从而否定了天人感应论。②指出天道自然无为是意味着万物自生自为，不受超自然力量主宰。他说:"夫天道,自然也,无为","天地不欲以生物,而物自生,此则自然也。施气不欲为物,而物自为,此则无为也。"他认为万物自然生成的道理就像妇人怀胎,十月而生,胎儿的各种器官"自然成腹中",没有也不需要外力的干预。王充从天道自然无为的观点出发,指出天地是"含气之自然",认为天地自然无为就意味着天地有自己的运动规律。他说:"日月行有常度","日朝出而暮入,非求之也,天道自然","天道当然,人事不能却也。"王充肯定自然界及其规律的客观性,而天人感应论否定自然界及其规律的客观性,这正是问题的实质所在。③在形神关系上,王充指出"精神依倚形体",认为人的精神藏在人的形体之内,是形体所派生的,不可能脱离形体而独立存在。他说:"天下无独燃之火,世间安得有无体独知之精?"他反复指明,人死,形体坏烂,"精神绝","精神消亡"。因此,不可能有脱离形体而独立存在的精灵或妖怪。天体物质论、天道自然论、精神依赖形体论这3根理论支柱在王充的哲学体系中是一个整体。天体自然论从本体上批判了天人感应论;大道自然论从事物的产生、发展上批判了目的论;精神依赖形体论从形神关系上批判了各种鬼神迷信思想。这3根理论支柱的存在及其统一,使王充的哲学体系成了汉代最有系统性、最有战斗性的哲学体系。

王充在批判虚妄之风的过程中,十分关注当时自然科学方面的进展,并具有一定的科学素养。比如,他正确指出海潮涨落的原因在于月相的变化,观察到了"似日非实日"的幻日现象；他对水的循环了解得很清楚，对生理和病理上的一些问题也有精到的见解。此外，他还注重实地调查和试验。比如，人被雷击死，他赶赴现场"询其身体"，"临其尸上闻火气"。他以这样的直接经验作基础，就更坚信雷是一种自然现象（"雷为火"），而同"雷为天怒"的迷信思想划清了界限。一次，陈留地区从天上落下谷子，王充亲临现场，"案视谷形"。他经过实地考察，对天上落下谷子的现象作出了正确的解释。他亲自动手进行试验，模拟打雷的声音。具备一定的科学素养，对自然现象的认真观察，实地调查和亲自试验，这些是王充同虚妄之论的制造者们在学风上的显著区别，也是王充在许多问题上能够坚持唯物主义基本原则的重要原因。

三 魏晋玄学

 魏晋南北朝时期的社会

魏晋南北朝（220～589年）历时300多年。

东汉末年，皇室衰落，群雄割据。董卓之乱以后，曹操迎汉献帝到许昌，挟天子以令诸侯，东破吕布，北灭袁绍，统一了北方。之后，挥师南下。刘备与孙权联盟，共破曹军于赤壁。赤壁之战加速了魏、蜀、吴鼎足三分之势。曹操（魏）据有中原和北方广大地区，刘备（蜀）据有巴蜀汉中，孙权（吴）据有江东和荆州。

建安十五年（210年），曹操为汉丞相，后又封为魏公，并晋爵为魏王。曹操死后，其子曹丕代汉称帝，正式建立魏国。

曹丕死后，魏国的继任者或腐化无能，或年幼无知，大权逐渐落入司马懿家族之手。正始年间，司马懿与曹爽共同把持朝政。嘉平元年（249年），司马懿发动政变，杀掉曹爽及其党羽，大权独揽，自己做了丞相。265年，司马炎代魏称帝，建立西晋王朝。蜀国

42

在魏末已被魏国消灭。司马炎称帝后消灭吴国，实现了全国的统一。

西晋末年，朝政腐败。八王之乱以后，更是一蹶不振。310 年，匈奴人刘聪、刘曜先后起兵进攻洛阳、长安，晋怀帝、晋愍（音 mǐn）帝相继被杀。中原和北方广大地区不再为晋室所有。317 年，晋琅邪王司马睿在建业（今南京）称帝（晋元帝），据有江南地区，史称东晋。

东晋末年，刘裕因镇压孙恩、讨平桓玄有功，晋爵为宋王，把持了东晋王朝的大权。后代晋称帝，改国号为宋，这就是南朝的开始。南朝除了宋以外，还先后建立了齐、梁、陈 3 个朝代。

从 304 年到 439 年，在北方和巴蜀地区，以少数民族的上层分子为主，建立了一大批割据政权。其中有成汉、二赵（前赵、后赵）、三秦（前秦、后秦、西秦）、四燕（前燕、后燕、南燕、北燕）、五凉（前凉、后凉、南凉、北凉、西凉）、夏。这就是所谓"十六国"。此外，还有冉魏、西燕、代。在割据政权中，前期以石勒称王的后赵为最强，后期以苻洪称王的前秦为最强，苻洪的后人苻坚一度统一了北方地区。

在北方十六国互相激烈争夺的时候，北魏崛起于群雄，它战胜后燕以后，力量日益发展，终于统一了北方。公元 6 世纪 20 年代，黄河流域的各族人民大起义，瓦解了北魏政权。534 年前后，北魏分裂为东魏和西魏。550 年，东魏改齐，史称北齐。此后 7 年，西魏改周，史称北周。由北魏到北周，史称北朝。北朝与南朝相对峙，史称南北朝。

魏晋南北朝是变故迭起、各种矛盾非常复杂、斗争非常激烈的时期。由于少数民族入主中原，在北方广大地区，民族矛盾相当尖锐；农民阶级和地主阶级之间的矛盾也激化起来，孙恩、卢循领导的农民起义爆发于前，六镇人民起义爆发于后；统治阶级内部互相篡夺以至互相残杀的事件不断发生，西晋惠帝时的八王之乱，诸王互相残杀，持续十几年之久；门阀世族地主与庶族地主之间的矛盾和冲突也愈演愈烈。

门阀世族是由享有各种政治特权和经济特权的大官僚地主组成的特权阶层。这个特权阶层在经济上除了按荫户制和官品占田、占客（依附的佃户）以外，还肆意兼并侵夺，建立了较为稳固的经济地位，使农民的人身依附有所加强。这个特权阶层在政治上垄断了仕途晋升的大权，形成了"上品无寒门，下品无势族"、"公门有公，卿门有卿"、"以贵承贵，以贱袭贱"的局面，世袭刺史、世袭县令在当时成了司空见惯的事。有些世族豪强甚至在乡里招募乡党、部曲、义勇，拥兵自重。因此，门阀世族的存在，是魏晋南北朝时期分裂割据的社会基础，复杂的民族矛盾又助长了分裂的趋势。

门阀世族对广大民众的剥削和压迫非常残酷，过着荒淫奢侈的生活，并且互相争豪斗富。比如，王恺用糖水洗锅，石崇用蜡当柴烧；王恺作紫丝布步障（幛）40里，石崇做锦步障50里与王恺比高下；石崇涂屋用椒（香料），王恺则用赤石脂。

魏晋南北朝是我国古代思想、古代哲学发展的重要时期。

 **魏晋风气**

魏晋风气是指魏晋时期某些上层人物特别是门阀世族的精神风貌和思想情趣。讲到魏晋风气，首先自然离不开清谈。从汉末到晋代，清谈之风一直盛行，延续200多年的时间。这个社会现象的形成自然有政治上和经济上的复杂原因，不过，其中有一点是很清楚的，即清谈是选拔人才的重要条件。由于以言谈取士，所以，当时的人竞相谈论，从小练习，坚持不懈。清谈既是士人脱颖而出、从政为官的重要途径，它本身就具有现实政治的内容。所以，当时有"谈论者以当实为清"的说法。清谈的本来意义是"当实"而不是玄虚。刘劭（音shào）的《人物志》所列举的清谈的三方面的内容（议论道德、法制、策术）都属于现实性很强的问题。有的人虽言必谈玄，但并非脱离现实政治。魏晋时期的清谈有实有虚，至少其中一部分是以玄虚为烟幕，掩盖现实内容，即用隐蔽的方式对现实政治问题进行评论。从汉末魏初到东晋末期，由于具体政治形势的变化，清谈的具体内容以及清谈与现实政治的关系也会随之发生变化。那种"高谈老庄，说空终日"的倾向是存在的，而且进入东晋以后，这种倾向更有所发展。干宝在《晋纪总论》中说"谈者以虚薄为辩，而贱名检"，正是指清谈中空虚浮华的一

面。但是，只看到这一面而忽视清谈中的现实内容显然是不对的。

在魏晋风气中，讲理析理的情况很引人注目。当时"善言名理"并积极参加学术辩论的人很多。比如，乐广以善言名理著称。他能用简洁的语言把道理分析清楚，使人心悦诚服。还有的人如裴頠"以辩论为业，善叙名理"，允许人们"以辩论为业"，这也是很能表明社会风气的一件事。另外，不同的学术观点乃至不同的学派都是允许存在的。钟会的《四本论》曾提到，仅在才性问题上就出现了观点不同的四派：第一派主张才和性完全一致（"才性同"）；第二派主张才和性不一致（"才性异"）；第三派主张才和性虽然不一致，但有密切的关系（"才性合"）；第四派主张才和性既不一致，又无关系（"才性离"）。这四派的材料已经遗失，但四派之间曾有过较为热烈的讲理析理的讨论则是可以肯定的。这种讲理析理的风气使不同观点的学术著作得以产生。与向秀同时注庄子的就有数十家，注《老》、《易》的很多。儒家、刑名家的观点也有所发挥，就连长期受到冷遇的墨家也重新为人们所重视。鲁胜《墨辩注》的出现就是这方面的一个例子。魏晋时期讲理析理的风气有利于扩展眼界、活跃思想、提高理论思维水平，从而有利于人才的成长。当时活跃在政治、哲学、文学等领域的人当中，不少是二十几岁的青年人。王弼死时24岁，裴頠死时33岁。他们思想的深刻和早熟是人们所公认的。如果说，魏晋时期的讲理析理风气在本质上是适应门阀世族的需要，并促使玄学中的唯心主义思想泛滥起来，那么在另一方面也应当承认，这种风气在一定程度上也有利于唯物主义思想的发展。裴頠、欧阳建等人的唯物主义思想的出现与这种风气有很密切的关系。

更值得注意的是，在魏晋风气中，出现了一股冲击传统纲常名教的思潮。其主要内容有：

（1）从抨击君主进而主张不要君主。"发言玄远"的阮籍说"君立而虐兴，臣设而贼生"。嵇康斥责君主"宰割天下，以奉其私"，认为君主日益荒淫奢侈，朝政日益黑暗，"刑本惩暴，今以胁贤；昔为天下，今为一身。下疾其上，君猜其臣"。他要求君主不得唯我独尊，"肆于骄淫"。他"每非汤、武而薄周、孔"，对历史上的所谓明君和圣人投以轻蔑的目光。郭象对君主的某些行径也深为反感，认为君主的一切行动必然使民众苦不堪言，"一怒则伏尸流血，一喜则轩冕塞路"。鲍敬言认为君主用军队和法律残酷地镇压民众，掠夺民财，民众当牛做马，累断筋骨，到头来却"食不充口，衣不周身"，"忠良见害于内，黎民暴骨于外"。他认为君主是社会上一切罪恶和祸乱的总根源，只有"无君"即不要君主才是摆脱社会灾难的出路。阮籍也是无君论的鼓吹者，他说："无君而庶物定，无臣而万事理"。

（2）藐视、抨击封建礼法。阮籍一反"天尊地卑"的传统观念，认为"天尝地下，地尝在上"，否定固定不变的礼法制度。他认为君子们所坚持的礼法，不过是"天下残贼、乱危、死亡之术"，根本不值得赞美或肯定。郭象猛烈抨击"圣法",认为没有"圣法"便不会有桀纣的暴行和大盗的产生。这当然是一种片面的观点,但他对"圣法"所抱的否定态度却十分鲜明。

(3)抨击封建的仁义道德。嵇康认为宣扬仁义道德的儒家六经,既不是做人的标准,也"未必为太阳";仁义只能应付虚伪的行为,而不是培养人的真情的主要手段;廉洁与辞让是在人们互相争夺的社会条件下产生的现象,而不是人的自然本性的体现。郭象抨击仁义道德的言论更多、更激烈。他认为仁义道德只不过是使事物更加混乱,丧失它的本来面目。他甚至把仁义道德说成是扰乱天下的工具,认为扰乱天下的不是恶势力,而是仁义道德。他几乎把一切社会弊端的出现都归结为仁义道德。

从以上几个方面来看,魏晋时期冲击传统纲常名教的思潮在宋明以前的漫长历史上特别引人注目。它是汉代末期王纲解纽和魏晋时期社会大变动的产物,是当时思想解放的表现和结果。从思想渊源上说,它是对王充等人的批判精神的继承和发展。它的思想基础较为复杂。其一,是封建门阀世族不同集团之间的政治斗争在思想上的表现。司马氏集团依靠礼法名教进行统治,不与司马氏集团合作的阮籍、嵇康等人便以反对礼法和名教的姿态出现。其二,是以改装了的老庄思想为武器。老庄的自然无为的思想,在自然观上往往表现出无神论的倾向;而在社会观和人生态度上,则往往带有个人放任的倾向,即表现为藐视礼法、绝圣弃智、指斥仁义道德等等。从阮籍、嵇康到郭象都是在"任自然"的口号下表现离经叛道的思想。

应当看到，按照道家"任自然"的观点去行动，并不能真正破坏封建制度，坚持这种观点的人也并不想真正破坏封建制度。封建社会所固有的各种矛盾特别是封建统治阶级内部不同集团之间的斗争往往会招致、孕育种种反常的思想和行为。在一切都无法满足或一切都已经得到满足的情况下，就会要求一种"任自然"的精神生活，乃至出现放浪形骸的"任自然"的行为。因此，在魏晋风气中"名教"与"自然"的矛盾，实际上是封建社会本身的矛盾。当然，人们对这个矛盾的态度并不一致。阮籍、嵇康认为这个矛盾不可调和，主张"越名教而任自然"，王弼特别是郭象则认为"自然"和"名教"可以而且应当统一起来。郭象在抨击名教、主张个人自得逍遥的同时，仍然坚持维护君主的统治地位，他说："千人聚，不以一人为主，不乱则散。故多贤不可以多君，无贤不可以无君，此天人之道，必至之宜。"此外，在魏晋思想家中，有的人一方面有破坏名教的言论和行动，另一方面却相信名教或力图从根本上维护名教。

魏晋时期，冲击传统纲常名教的思潮，无论从思想基础还是从行为者的主观动机来分析，都存在着复杂的情况。但是，我们仍然应当看到，这种思潮由于抨击传统的纲常名教，从而有利于封建文化中民主性思想的发展。从主流上看，它对于当时的封建统治者是不利的。范宁指责这种思潮的倡导者"蔑弃典文，不遵礼度",其罪恶超过桀纣。这种观点很适合当时朝廷的需要,所以范宁得到了晋武帝的赏识。

在魏晋风气中,还有令人作呕的放荡行为,诸如狂饮滥醉,披头散发,赤身露体,或攀树取鸟,或信口雌黄,不一而足。这是门阀世族腐化堕落和思想空虚的表现。其中,有的人虽然是由于环境的逼迫而用放纵行为作为消极反抗的手段,但这样的消极反抗手段是不足取的,那种伤风败俗的放荡行为更是不可取的。

魏晋风气极为复杂,其中,有积极的成分,也有消极的成分。所以,对它要作具体分析。对它表示简单的肯定或简单的否定都是不妥当的。

魏晋玄学

玄学是魏晋时期占主导地位的思想,它以老庄思想作为骨架,讨论的中心问题是本末、有无的问题,即有关天地万物存在的根据问题。它本身有一个发展的过程。具体说来,它可分为 3 个时期。前期以王弼为代表,中期以郭象为代表,后期以张湛为代表,裴颜则是玄学中崇有派的代表。

王弼(226~249 年),字辅嗣,山阳(今河南焦作市)人。自幼聪明好学。10 余岁钻研老庄著作,通辩能言,才思卓出,任尚书郎。死时年仅 24 岁。他在哲学上,建立"以无为本"的思想体系,认为"无"是世界的本原:"凡有皆始于无","天下之物,皆以有为生。有之所始，以无为本"，"无形无名者，万物之宗也。"王弼虽然在个别场合也提到过天命、祥瑞，但从总体上说，他的"以无为本"的思想抛弃了汉代长期占统治地位的天人感应、阴阳灾异的神秘主义思想体系。作为世界本原的"无"是一个无形、无名、无意识、无目的的本体。万物不是出于任何神奇的力量有目的的创造，而是从"无"中自然而然地生成的，他认为"任其自然，而物自生；不假修营，而功自成"。王弼强调"物自生"、"物自济"、"物自长足"。他把"以无为本"的思想同自然无为的思想紧密结合起来，从而，在关于世界本原的理论中加进了无神论的思想成分，甚至没有给神灵留下活动的位置，他说："物守自然，则神无所加。神无所加，则不知神之为神也。"王弼把以无为本的观点推广到自然界、社会、人生等各个方面，认为"无"能够创造一切，"无"是一切事物生成、变化、存在和发展的根本条件，有了"无"才有形形色色的具体事物。因此，王弼说，"无"具有开物成务的功能，一切都是"无"的体现，所以它无往而不存：阴阳依靠"无"化生万物，万物依靠"无"获得既定的形态，贤者依靠"无"获得高尚的品德，不肖者依靠"无"生儿育女。"故无之为用，无爵而贵矣。"王弼在贵"无"的同时，主张贱"有"。认为与"无"相比，任何"有"即任何具体事物都是片面的、残缺不全的，"有"都不可能独立存在，只有依赖"无"或返回到"无"，才得以保全。他说："将欲全有，必反于无也。"

王弼提出崇本息末的方法论，主张"得本以知末，不舍本以逐末"，要求人们跳出就事论事的圈子，从根本上入手去认识事物，指出"夫欲定事物之本者，则虽近而必自远以征其始；夫欲明物之所由者，则虽显而必自幽以叙其本"。眼前的事物及其现象不是突然出现的，它有一个源远流长的发展过程。因此，要真正认识它，就得追溯它的源头。显著的事物及其现象也不是一眼就能看清的，要真正认识它，就得考察它那隐蔽的一面，去探寻它的根本。王弼看到了远与近、显与隐的对立，注意考察事物的根源和发展过程，这种方法对于正确认识事物具有重要的意义。但是，"崇本息末"是同"崇无贱有"的思想紧密联系的。它重视问题得以产生的根源而忽视问题的直接现实性的一面。比如，只注意邪恶事件形成的某种原因，而不去追究邪恶事件的肇事者的直接责任；防止邪恶事件的发生只强调"存诚"，而放弃"善察"。与此相联系，在正与反的关系上，所谓"崇本息末"就是强调反面力量的作用而忽视正面力量的作用，认为正面的力量是消极的，只有反面的力量才具有能动的创造的作用。比如，安全是由不安全的因素造成的，保存是依靠反对保存的一面才实现的，圣功的齐全是由绝圣而取得的，如此等等。应该说，这是思想上的一种片面性和绝对化。

郭象（252～312 年），字子玄，河南人。担任过司徒掾（音 yuàn）、黄门侍郎、太傅主簿等官职。他有才学，尤以辩才著称，喜好老庄学说。在哲学上，他提出独化论，并建立以"独化"为核心的哲学体系。他用独化论否定各种传统本体论。首先，他否定庄子的本根论，指出世界上的事物都是自然而然地产生和死亡的，既没有本，也没有根。其次，他否定董仲舒以天为本体的观点，认为天是"万物之总名"，不是万物以天为本体，而是"天地以万物为体"。他反对王弼、何晏以无为本的观点，指出"无既无矣，则不能生有"。但他由否定本体开始而以复归本体告终，断言"使物各复其根，抱一而已"。所谓物各复其根，是说万物最终要向本体复归。万物复归于本体的途径是由"有待"而达到"无待"。追求"无待"的境界是"独化"的最高目的和最后归宿。因此，了解"有待"与"无待"的联系及区别，是了解独化论以至郭象的全部思想的一把钥匙。郭象说："卒至于无待，而独化之理明矣"，"推而极之，则今之有卒于无待，而独化之理彰"。在"有待"的范围内，根本不存在生化万物的统一本体，各个具体的事物各以自身为本体，它们之间的界限分明，"物物自分，事事自别"，"有"与"无"的对立十分尖锐，各个具体事物也常常遇到命定的性分的限制。因此，在"有待"的范围内，事物是不自由的。"无待"则是超出现象界的"玄冥之境"。在这种境界下，"有"与"无"的对立不见了，各个具体事物之间的区别不见了，彼我玄同，万物齐一。各种命定的界限不见了，可以任意遨游，畅然自得，达到绝对自由的状态。郭象提出"独化"论就是要为追求"无待"这种绝对自由的境界作出哲学上的论证。他用独化论作为相对主义真理观的思想基础。由于"独化"是单个存在物的生成和变化，所以在"有待"的阶段，这些单个存在物各自"任性独立"，彼此之间互相隔绝，毫无联系，因而毫无是非可言。"独化"论把单个存在物的"自以为是"看得高于一切，抹杀事物的客观性和质的规定性，从而抹杀真理的绝对性。在这个基础上，郭象提出了"理无是非"的相对主义命题。他进而强调"自正"、"自是"，认为彼此隔绝的单个存在物根本不可能有检验真理的客观标准。

张湛，字处度，高平（今山东金乡西北）人。主要活动年代在 373～396 年前后。他担任过中书侍郎、光禄勋等官职。在本体论上，他主张"群有以至虚为宗"，把世界划分为"群有"与"至虚"两个领域，认为在"群有"所在的"有生之域"内，万物自生自化，运动不息。他说"阴阳四时，变化之物，而复属于有生之域者，皆随此陶运；四时改而不停，万物化而不息者也。"除了"有生之域"以外，张湛认为还存在一个至虚的、无生无死、既虚且静的"至极之域"。他说："推之至极之域，则理既无生，亦又无死也"。他把至虚、至无看作万物化生的原因和根据，断言"至无者，故能为万变之宗主也"。他把至虚、至无作为最高本体，还在于说明万物的最终归宿在于死灭，他提出"万品以灭为验"。他不懂得把有始有终的具体过程同整个宇宙无始无终的永恒发展过程区别开来，认为具体事物的必然终结就是整个宇宙万品的终结，就是宇宙万品进入永恒的不生不化、无生无灭的境界，复归于"至虚"、"至无"的本体。他在哲学上对王弼、郭象的哲学思想作了综合，既吸取王弼"以无为本"的观点，又吸取郭象的"万物自生自化"的观点；但他与王、郭的学说又有所不同，更强调群有的暂时性与过渡性，而把"至虚"、"至无"看作应当追求的主要目标，把凝寂静止和自丧自灭看作理想的状态。在认识论上，他提倡无言无知的直觉主义与蒙昧主义，断言"夫无言者，有言之宗也；无知者，有知之主也"，否定从外界获得知识的必要，认为天地之理完全集中在人自身之内。他说："内观诸色，靡有一物不备；岂须仰观俯察，履凌朝野，然后备所见？"在人性论上，他提倡任性与纵性，断言"惟任而不养，纵而不治，则性命自全，天下自安也"。由此出发，他提倡享乐至上的人生哲学，渲染人生短暂，宣扬及时行乐、好逸恶劳，断言"好逸恶劳，物之常性。故当生之所乐者，厚味、美服、好色、音声而已耳"。

裴頠（267～300年），字逸民，河东闻喜（今山西省）人。担任过国子祭酒兼右将军、尚书左仆射等官职。他博学多闻，兼明医术，善于辞令，被誉为"言谈之林薮"。他的思想以崇儒、崇有为特点。他曾经上书，主张复兴儒学并沿用儒家所奉行的礼仪制度。他对当时"不尊儒术"、"不遵礼法"的贵无贱有思潮深为忧虑，指出贵无贱有必定抛弃客观对象，抛弃客观对象必定遗落制度，遗落制度必然滋长放任之风，滋长放任之风必然淡漠礼制，礼制不存，就失去了进行政治活动的依据或准则。他主张严格遵循儒家的政治原则和道德规范，"居以仁顺，守以恭俭，率以忠信，行以敬让，志无盈求，事无过用"。他在尊崇儒学的同时，贬抑老庄。他说："观老子之书，虽博有所经，而云'有生于无'，以虚为主，偏立一家之辞，岂有以而然哉!"在哲学上，他提出崇有论，肯定"有"的物质性及运动的规律性。主要观点是：①用形象的可见性给"有"以规定，认为"有"是有形象的可凭感官感觉到的物体。他说"形象著分，有生之体也"，意即凡"有"（存在物）都有形象，依据形象就能把万物区别开来。②用"能生"、"自生"给"有"以规定，划清"有"与"无"的界限。他说："夫至无者，无以能生。故始生者，自生也。自生而必体有，则有遗而生亏矣。"他认为"无"没有形体，"无以能生"，不具有任何物质特性；"有遗而生亏"，"有遗"即等于"无"，"生亏"即是不具有"能生"、"自生"的功能。"能生"、"自生"不但以实存为前提，而且是实存的标志。因此，"能生"、"自生"的"有"是客观上存在的物质。更确切地说，"有"是客观存在的物体。③从事物自身以及一事物与他事物的关系上说明事物的生成和发展，进一步证明"有"的客观物质性。他说："偏无自足，故凭乎外资"，"济有者皆有也"，"故养既化之有，非无用之所能全也。"他认为每一具体事物都要"凭乎外资"，即都要有赖以存在的客观条件。所谓"济有者皆有也"，是说事物之间的互相联系、互为因果，必须以事物的客观实在性为前提。④肯定"有"的规律性，并指出事物的变化及其相互作用的错综复杂的关系是规律形成的根据。他说："理之所体，所谓有也"，"化感错综，理迹之原也"。在崇有的同时，他对"无"也作了规定。他说："虚无是有之所谓遗者也"，认为"无"不过是"有"一种消失了的状态。"无"是与"有"相对的，"有"不存在了就是"无"，并不存在离开"有"而独立地永恒地存在的那种所谓"无"的本体。他说："若谓至理信以无为宗，则偏而害当矣"。他对王弼等人以无为本的观点明确表示反对。

四 隋唐时期的哲学

 隋唐时期的社会政治和思想概况

隋唐时期（581~907 年），是由南北朝长期分裂
而恢复大统一局面的时期。从北魏中期开始的大族豪
强地主经济、政治力量的衰落和庶族地主经济的发展，
为全国统一创造了有利条件。统一是由北向南逐步推
进的。隋文帝杨坚在统一过程中起了重要作用。他建
立的隋朝打击、抑制了门阀世族，并采取了一系列措
施发展农业生产。隋朝建国以后的 20 年间，人口大量
增加，农业、手工业都有较大的发展，出现了自汉代
董卓之乱以后 400 年中从未有过的繁荣景象。但是，
地主阶级不可能长久地保持社会的繁荣景象。在大好
形势下，封建统治阶级的腐化行为和摧残民力的行径
就像病毒一样繁殖开来。隋炀帝杨广穷奢极欲，挥霍
无度，对外征战，对内横征暴敛，弄得民不聊生，终
于在农民起义的浪潮中国亡身死。强盛的隋朝仅仅存
在了 37 年。从国力强大而迅速土崩瓦解这一点上看，
隋朝同秦朝非常相似。

取代隋朝而起的是李唐王朝。唐太宗李世民在即位以前已有较丰富的指挥作战和处理实际事务的经验。他很注意吸取隋朝的经验教训。从隋代末年开始的巨大历史事变，铸造了唐太宗那种具有特色的思想和品格。他身居大位而不放任自恣。他说："天子者，有道则人推而为主，无道则人弃而不用，诚可畏也。"他"用人唯贤"，甚至对原来敌对营垒的有识之士也大胆录用；他鼓励臣下进谏并鼓励臣下指陈自己的过失；他采取了许多安定社会、民心和发展生产的措施，从而出现了历史上著名的"贞观之治"，为唐代前期的繁荣奠定了基础。到了唐玄宗开元年间，社会进一步安定，文化日益发达，经济方面达到了唐代的极盛时期。

隋唐是我国封建文化的繁荣时期。造纸业的发展特别是雕版印刷的发明与应用，促进了文化的交流和发展。在天文学方面，耿询等人发明了用水力转动的浑天仪；南宫悦等人在世界上第一次测量了子午线；李淳风等人制定了《麟德历》等多种历法，对当时流行的历法作了改进。在医学方面，巢元方的《诸病源候论》、孙思邈（音 miǎo）的《千金方》、《千金翼方》，以及由朝廷编修的《唐新本草》都是很有价值的医药学著作。在文学方面，无论诗、词、散文、传奇或变文等都有很大的发展，出现了李白、杜甫、白居易这样一批名垂千古的大诗人。

不过，在唐代前期的社会安定和经济、文化的繁荣背后却潜伏着深刻的社会危机。历时 8 年的安史之乱，使社会经济遭到巨大破坏，广大民众遭受浩劫，一度强盛的唐朝从此一蹶不振，逐渐衰弱。在平定安史之乱的过程中，加强了节度使的权力，形成了方镇割据的局面。方镇之间互相争夺、互相攻击者有之；几个方镇联合起来抗击朝廷者有之；朝廷之于方镇，有如敌国。唐中叶以后，朝政腐败，朋党之争不断发生；宦官专政，更把朝廷弄得乌烟瘴气。自天宝以后，阶级矛盾日益尖锐，农民起义不断发生。其中，王仙芝和黄巢领导的农民大起义给了唐王朝更为沉重的打击。

在思想上，隋唐时期是儒、佛、道三者进一步融合、统一的时期。三者之间虽然一直存在着矛盾和斗争，但融合与统一的趋势却是主要的。自隋文帝灭陈而统一全国，南北的儒学也趋向统一。隋文帝晚年不喜欢儒学，但儒学遭受冷遇的时间并不长。隋炀帝即位以后，复开庠（音 xiáng）序，国子郡县之学盛于开皇之初。征辟儒生，远近毕至，使相与讲论得失于东都之下。大业中期，隋炀帝征集全国儒生相次讲论儒家经典。其中，褚晖、顾彪、鲁世达、张冲等著名的儒者更为隋炀帝所推重。唐朝的统治者同样重视儒学。唐太宗李世民说："朕今所好者，惟在尧、舜之道，周、孔之教，以为如鸟有翼，如鱼依水，失之必死，不可暂无耳。"他尊孔子为"先圣"，尊颜渊为"先师"，并加筑国子学舍，增置生员。他针对当时儒学多门、章句繁杂的弊病，诏令国子祭酒孔颖达与诸儒拟定《五经》义疏。此书于唐高宗永徽四年完成，定名为《五经正义》，被朝廷作为儒家经典的定本颁行全国。唐朝的其他君主也都尊崇孔子和儒学。

道教在唐代被置于儒、佛之上。唐代的帝王自认是老子（李耳）的后裔，特别看重道教。唐高祖李渊曾明确宣布道教居于领先地位，他说："老先、次孔、末后释宗。"唐太宗贞观十一年发出诏令，在宗教活动中，道士女冠可排在僧尼之前。唐高宗追封老子为"太上玄元皇帝"，唐玄宗把道士和女冠看作皇帝的本家。开元年间，各地建立了玄元皇帝庙，后来又建"崇玄馆"，讲习老子和道教的理论，公主妃嫔以做女道士为荣。唐代的著名道士如王玄览、司马承祯、施肩吾等人对道教理论进行研究，并作出了新的解释。

隋唐时期，是继南北朝之后佛教大发展的时期。隋文帝出生以后曾在佛寺寄居了 13 年之久，同佛教的关系不比寻常。他夺得帝位以后，从各方面扶植佛教。据不完全统计，他曾多次下诏在全国共兴建了 113 座佛塔，修建佛寺四五千所，出家的僧尼在 20 万人以上。唐代除个别帝王（如唐武宗李炎）外，都笃信佛教，提倡佛教。唐太宗曾下诏令：各州有寺庙的处所，"宜令度人为僧尼"，而且以前被淘汰还俗的人还可继续为僧尼。他还在幽州、晋州等占地兴建 7 所寺庙，"超度"死者，希望"变炎火于青莲"，"易苦海于甘露"。他为玄奘新译的佛经作序，极力推崇佛教。唐高宗令各州立寺观各一所，又诏迎岐州佛指骨至洛阳大内供养。武则天更加重视佛教，敛钱铸造佛像。她与奸僧交结，任用白马寺和尚薛怀义为新平道行军总管，封沙门法朗等 9 人为县公，赐紫袈裟银龟袋，开沙门封爵赐紫的先河。肃宗把和尚请进宫里，为他授"菩萨戒"。肃宗、代宗在宫内设道场，让大批和尚在里面念佛。宪宗派人往凤翔迎佛骨到长安，先在宫里供奉3天，然后"历送诸寺"供养，掀起一股尊崇佛教的狂热。懿宗于咸通十四年再次派人往凤翔迎佛骨，当时遭到不少人反对。懿宗说："朕生得见之，死亦无恨。"于是，大搞排场，把佛骨迎到京师，再次掀起了崇拜佛教的狂热。

佛教在唐代获得发展，但反对佛教的力量也随之而起。"上表反佛者，唐朝实代有其人。"最早上表反佛的是太史令傅奕（555～639年）。他在武德七年上书皇帝，要求废除佛教。他历数佛教泛滥的危害性，认为生死寿夭、祸福吉凶与贫富贵贱是由自然的、社会的与人为的原因造成的，与佛毫无关系。他在对佛教的批判中表现了无神论观点。傅奕以后，反对佛教的宰相和大臣还很多。这个事实表明，即使在佛教势力较强大的唐代，朝廷中的许多要员也敢于反佛，而且他们的反佛言行没有给他们带来不幸的后果。可见，宗教对封建政权不具有直接支配的作用。相反，封建政权在同宗教的关系中表现出很大的主动性。比如，它可以利用佛教（像唐代许多帝王所做的那样）；它可以限制佛教（如唐高祖于武德九年下诏沙汰僧尼、削减佛寺）；它还可以禁佛毁法（如唐代武宗所做的那样）。

隋唐时期是佛教理论大发展的时期。与此同时，也出现了一些无神论者、唯物主义者。前期除傅奕以外，还有吕才；后期则有柳宗元、刘禹锡。

隋唐佛教的主要宗派

魏晋时期，随着佛教的发展和翻译的佛教经典日益增多，讲习经论的风气也盛行起来。僧人讲经，虽有师承，但由于各人的理解不同，所以他们对佛经的解释和发挥很不一样。由此在佛教内部便形成了不同的学派。比如，魏晋僧人对印度般若学的解释各不相同，故而形成了"六家七宗"之说。不过，当时所谓"宗"还只是学派，到隋唐时期才形成真正的教派。这种教派除了有它的创始人、传授者、信徒以及教义、教规之外，还有为自己教派所拥有的寺院财产。隋唐时期，佛教宗派的封建宗法的特点和教义上的排他性表现得特别强烈。这一时期佛教的主要宗派有天台宗、唯识宗、华严宗、禅宗。此外还有密宗、律宗、三论宗等。

（1）天台宗。它由陈、隋之际的智𫖮（音 yǐ）（531～597 年）创立，主要的继承人是灌顶（561～632 年）和湛然（711～782 年），主要经典是《法华经》。所以，天台宗又名法华宗。

天台宗的理论枝蔓甚多，相当芜杂，基本思想是所谓"一念三千"和"圆融三谛"。

天台宗把心当作宇宙的本体："世界无别法，唯是一心作。"它所说的心就是"佛性"或"真如"，是不生不灭、不增不减的永恒的精神本体。"一一众生心体，一一诸佛心体，本具二性，而无差别之相，一味平等，古今不坏。"这种"心体"既是无差别的浑然一体，又能够"古今不坏"。更值得注意的是，天台宗认为，这种"心体""本具二性"即所谓染性和净性。染性受着"染业"的熏陶显出"生死之相"，显出人世间的一切；净性则显出天国诸佛的一切，也显出"涅槃"这个佛教的最高境界。这样说来，入世间和出世间的一切都是由"心体"派生的。天台宗抹杀客观世界的物质性，进而断定宇宙万物不过是意念的产物。"夫一心具十法界，一法界又具十法界、百法界。一法界具三十种世间，百法界即具三千种世间，此三千在一念心，若无心而已。介尔有心，即具三千。"十法界的名称最早见于《华严经》，是指地狱、饿鬼、畜生、阿修罗、人间、天上、声闻、缘觉、菩萨、佛。前六种称为六凡，后四种称为四圣。《大智度论》把世间分为三个，即所谓众生世间、国土世间、五阴世间。既然一法界具有三十种世间，那么，百法界就具有三千种世间。不管法界和世间多么纷繁复杂，它们都产生于"一念心"之间。在天台宗看来，没有心也就没有一切。

天台宗虽然提出了"一心具十法界"和一念心"即具三千种世间"等命题，但是这些命题本身并没有涉及"法界"和"世间"的真实性问题。于是，天台宗进一步提出了"圆融三谛"的理论，用"空"、"假"、"中"三谛彻底否定了客观世界的物质性和真实性。《中论》本来有所谓三谛偈："因缘所生法，我说即是空，亦为是假名，亦名中道义。"天台宗对此作了进一步的发挥。在它看来，一切事物都是心体与因缘和合的显现。由于因缘是虚假不实的关系，所以，由因缘与心体和合而显现的事物也没有任何质的规定性，完全是空的，这就是空谛；事物虽空，但并非无有，而是假象、假有，这就是假谛；从二谛看，虽有而无，虽无而有。作如是观，才能不累于有，不滞于无，这就是所谓中谛。中谛离不开空假，它本身即是空假；另外，空与假也是统一的。这种空、假、中的三统一，就叫做"圆融三谛"。从"一念三千"到"圆融三谛"是天台宗以心为本体，彻底抹杀客观物质世界的过程。

"心"是空、假、中三者统一的基础。"三谛不同，而是一念。""一念心起，即空、即假、即中。……云何即空？并从缘生，缘生即无主，无主即空；云何即假？无主而生即假。云何即中？不出法性，并皆即中。当知一念即空、即假、即中，并毕竟空，并如来藏，并实相。非三而三，三而不三。"这"一念三谛"同"一念三千"是紧密联系的。不但"三谛"同"三千种世间"同出一念，而且这一念的内容包括"三千种世间"在内都是亦空亦假。天台宗认为，"圆融三谛"的道理常常被"三惑"（无明惑、尘沙惑、见思惑）所掩盖，使人体会不到普遍而广大的法性，也使人认识不到世界的空寂。为了去掉尘世间的妄想就要建立三观（假观、空观、中道观），消灭"三惑"。要做到这一点，就要修行。修行的方法概括为"定慧二法"，也叫"止观二法"。止，就是禅定，即止息尘世间的各种杂念。因此，"止乃伏结之初门"，"止"成了修行的基础。观，就是观慧，即与尘世间各种思想观念绝缘而获得佛教神秘直觉意义的智慧。因此，"观是断惑之正要"，"观则策发神解之妙术"。可见，天台宗的修行方法是在彻底否定客观世界的物质性与真实性的基础上，让人完全超脱现实，并在对虚无、空假境界的追求中求得精神的解脱。

（2）唯识宗，又名法相宗。它的远祖是印度的无着和世亲。这个教派在中国的创始人是著名佛教领袖玄奘。玄奘（600～664年），本姓陈，13岁出家后至洛阳、长安、成都等地求学，研究佛教大小乘理论。他历尽千辛万苦，去印度求学取经。他在印度生活了17年，学成回国后，从事佛典的翻译工作，共译出佛经73部，1335卷。他的主要著作是"成唯识论"，他的弟子窥基继承并发展了这种理论。

唯识宗的基本思想是"我"、"法"皆空和"万法唯识"，认为意识是一切事物的本原，一切事物依赖意识而存在。除了意识以外，一切都是虚假的，一切都不存在。

唯识宗所说的"我"、"法"是指世界上一切事物。"我"是包括自身及其情欲的主体；"法"则是指客体，包括事物及其规律。在唯识宗看来，无论"我"或者"法"都是不真实的："世间圣教说有我法，但由假立，非实有性。"意思是说，世间虽然有人肯定"我"、"法"的存在，但是，"我"和"法"都不过是一种假设，它们都没有真实的质的规定性。它们之所以虚幻不真，就因为它们都是由意识变现出来的。"由假说我、法，有种种相转，彼依识所变"，"彼相皆依识所转变而假施设"。正因为世界上一切事物和现象都由意识变现出来，所以，它们是作为假设而存在的。

唯识宗抹杀主观与客观的对立、心与外境的对立。它认为，离开主观意识而独立的客观世界是根本不存在的，也就是说，客观外境是不存在的。从这个意义上说，叫做"唯识无境"。但是，唯识宗也承认有外境的感觉。不过，它所说的外境仍然是意识的产物，并且存在于意识之中。"由分别心，相境生故；非境分别，心方得生。故非唯境，但言唯识。"意思是说，由于主观意识的活动产生了外境，而不是相反。这里所说的外境不仅是意识的产物，而且是意识活动的一个分部。原来意识活动分"能缘"与"所缘"两方面。"能缘"是指意识的能动作用，又叫"见分"；"所缘"是指意识的对象，又叫"相分。""见分"和"相分"都是由意识自体（"自证分"）变现的。作为意识对象的"相分"好像是一种外境，其实，它仍然处在意识总体之内。"或复内识，转似外境。"这种类似外境的东西并没有脱离意识而独立，它实际上是意识总体的一个成分和层次。

唯识宗把意识分为许多成分和层次。其中，富有特色的是它提出了八识的学说。它把意识的作用分为八种：眼、耳、鼻、舌、身、意、末那识、阿赖耶识。这八识分为三类。第一类是前六识，它们对外境能够起到辨别和认识的作用，所以统称为别境识。通过这种别境识能够辨别色、香、味、触，发挥知觉和思维的作用。第二类是第七识，即末那识，意为"思量识"。它思量自我的存在，产生"我痴"、"我见"、"我慢"、"我爱"四种烦恼。它的主要作用在于把前六识和第八识联系起来，"令六识相缚不脱"。第三类是第八识，即阿赖耶识，意译为藏识。它在所有识中所处的地位最重要，是前七识的共同依据，又称为根本识。它自身含藏着世界上一切事物的种子。这些种子是刹那生灭、即生即灭的。这些种子即灭而又即生，并且具有"自类相生"的特点，所以，它们同阿赖耶识一样是永恒的，不随人体的死亡而消灭。比如，阿赖耶识中含藏着无数善、恶的种子，当其中某些种子成熟的时候，就会招致善、恶的报应。因此，阿赖耶识是永恒的精神主体，是不死的灵魂、是转生和因果报应的载体。唯识宗为了解决意识的多样性和世界的统一性的矛盾，又在阿赖耶识中虚构了所谓共相种子和不共相种子。共相种子变出来的事物，引起共同的印象和感觉，"共中共，如山河等，非唯一趣用，他趣不能用"。由共相种子变出来的山河大地，人们在观感上具有共同的趋向。不共相种子变出来的事物，"如眼等根，唯自识依用，非他依用故。""眼等根"即眼、耳、鼻、舌、身、意六根，这类感觉器官或思维能力是各人自足自用的。不共相种子的说法为各人的主观随意性提供了理论的前提；共相种子的说法，为佛教的最高精神境界、为天堂、地狱的观念提供了理论的前提。唯识宗认为，由于阿赖耶识中含藏着有漏种子

（能导致永不休止的死生轮回）和无漏种子（使人成佛的种子），所以，要通过修炼，消灭有漏种子，发展无漏种子。修炼的主要内容是叫人真正体会到万物皆空，万物随心识而生灭，达到"圆成实性"的完美境界。

唯识宗主张"一切唯识"，承认意识的真实性，维护了佛性和佛教真理，避免了大乘空宗关于一切皆空的不利于佛教真理的说法，它作为一个教派有自己存在的理由，加上唐太宗等人对它的支持，它曾盛行一时。但是，它的教义非常繁琐，不易为人所理解和接受。中唐以后，它就衰落下去了。

（3）华严宗。它以宣扬《华严经》而得名，它的创始人是法藏（643～712年）。在法藏之前的法顺和智俨是华严宗的先驱；在法藏之后的澄观与宗密继承并发展了华严宗的思想。

华严宗宣扬法界缘起，事事无碍、理事无碍，宣扬禁欲主义。它认为"尘体空无所有"，外界事物（尘）都是空的。为什么空呢？它回答说："从缘无自性即空故"。就是说，事物都是某些"因缘"的凑合。比如，那个金狮子，就是一些金子"随工巧匠之缘"凑合而成的。这样凑合而成的东西既无本体，又无自性。因此，"狮子不有"，"狮子相虚"。说狮子的相空虚，是说狮子是作为幻相而显现的。在华严宗看来，狮子或世界上的其他事物都不具有客观的真实性，它们不过是由"心"（精神）决定的幻相："尘是心缘，心为尘因。因缘和合，幻相方生。"所谓"因缘"都是内心的各种因素和条件，并非客观存在的因素和条件：

"沉沦因缘，皆非外有。终无心外法。"华严宗以"心"为本体，以客观世界为虚幻，这些构成了出世思想的基础。

在华严宗看来，"廓无涯而超视听"的佛教境界不可能简单地由"心"作出说明，相形之下，"法界"是比"心"更高妙的境界。"往复无际，动静一源。含众妙而有余，超言思而迥出者，其唯法界欤（音 yú）"华严宗把"法界"描写为一种恍惚、幽远、高妙、混沌的精神境界。在这种境界下，"往复无际，动静一源"，是语言所无法表达、也是思维活动所无法设想的；在这种境界下，"心境一味，泯能所而归寂寥。体用无方，圆融叵测。"既泯灭了认识（心）与对象（境）、主观（能）与客观（所）的界限，也泯灭了本体（体）与现象（用）的界限。一切都融为一体，不相妨碍，构成了一个超物质、超视听以至任何思维都无从想象的含混的精神境界。

华严宗泯灭主观与客观之间的差别和对立，也泯灭事物之间的差别和对立。在它看来，一切事物都互相包含，互相融合，这就叫做"事事无碍"。比如，从数量上说，"一即多，多即一"，"一即一切，一切即一""于佛一毛孔中即有一切佛、一切处、一切时乃至一切益，如一毛孔一切遍法界诸毛孔现，皆亦如是。"从事物的形体上说，大就是小，小就是大，"小无定性，终自遍于十方；大非定形，历劫皎于一世。则知小时正大，芥子纳于须弥；大时正小，海水纳于毛孔。"从距离上说，远和近毫无分别，"十方入一尘中，远而恒近；尘遍十方，近而恒远。尘与十方，近之与远，一际显然，更无别异思之。"从时间上说，"此一念之心现时，全是百千大劫，……由一念无体，即通大劫；大劫无体，即该一念。由念劫无体，长短之相自融。""一念"即六十念中之一念，表示最短的时间；劫，又称劫簸，表示很长的时间，佛家认为世界一成一毁为一劫。在华严宗看来，一念与大劫毫无区别，两者融为一体。从部分与整体上说，部分就是整体，"椽即是舍（房子）"。类似的方面还可以举出许多。仅从上述几个方面，也可以看出，华严宗虽然提出了许多对立的范畴，如所（客观）与能（主观）、体与用、心与境、大与小、远与近、一念与大劫、椽（部分）与舍（整体）等等，但是，它不是运用这些对立的范畴去分析与把握现实生活的辩证运动；恰恰相反，它把这些对立的范畴同普遍存在于客观世界中的矛盾和对立完全隔离起来。由于它抹杀客观世界的矛盾和对立，否定事物质的规定性，所以，它展现在人们面前的是一系列相对主义和诡辩的言论，是一个完全被歪曲、被颠倒的世界。这正是出世思想赖以建立的基础。

华严宗为了彻底抽空物质世界，又用"理事无碍法界"虚构出一个本体世界。它在解释事与理的关系时说："事虽宛然，恒无所有，是故用即体也，如会百川以归于海；理虽一味，恒自随缘，是故体即用也，如举大海以明百川，由理事互融故"。事"恒无所有"，它像百川归海一样以理为归宿；理虽是独一无二的，但理却遍布于一切事中，就像"举大海以明百川"一样。"一一事中，理皆全遍，非是分遍。何以故？以彼真理不可分故。是故一一纤尘，皆摄无边真理，无不圆足。"理既是最高的本体，也是不可分割的整体，一切事物都由它统属，一切事物都把它包含，理融于事，事包摄理。"事理双修，依本智而求佛智；理随事变，则一多缘起之无边；事得理融，则千差涉入而无碍。"可见，这个"理"就是无差别的虚幻境界，就是超尘绝俗的佛性、真如。

华严宗是禁欲主义的鼓吹者。它认为佛性是清净无比的，但受到妄想和私欲的蒙蔽，佛性便显露不出来。为着显露佛性，保持"本觉真心"，就必须禁欲，"若离妄想（欲望），一切智、自然智、无碍智，即得现前。""一切智"等等是指佛性。华严宗认为，禁欲是成佛的必要条件。它又说："众生暗于多欲，故沉沦长夜"，"爱恶尽则吉凶苦乐皆亡，情伪息则利害忧喜永断。如此方为永断忧苦，喜乐生焉。"把永断忧苦的希望完全寄托于禁欲成佛，并把众生沉沦长夜的原因归结为个人多欲，这样就可以掩盖封建制度的罪恶，掩盖民众备受苦难的原因，从而诱使民众放弃为彼时彼地的条件所许可的一切必要的斗争，以达到维护封建制度的目的。这其实是封建统治阶级支持宗教的重要缘由，当然也是华严宗的一种政治职能。

（4）禅宗。它的创始人是慧能（638～713年）。菩提达摩、慧可、僧璨、道信、弘忍是禅宗的先驱。慧能本姓卢，南海新会人，幼年丧父，家境贫寒，不识字。24 岁时，去湖北黄梅，在禅宗第五祖弘忍门下作舂米、劈柴的杂役。但他对禅宗的基本宗旨有较深的体会。有一次，弘忍的公认法嗣神秀把佛教的基本精神概括为四句偈（音 jì）："身是菩提树，心如明镜台，时时勤拂拭，勿使惹尘埃。"慧能一听到神秀的上述偈语便觉得它不符合佛教的基本精神，于是，他口占一偈："菩提本无树，明镜亦非台，本来无一物，何处惹尘埃？"这个偈传出后，僧徒惊讶不已，弘忍更大为赞赏，便把衣钵传给了慧能，成了禅宗的第六代祖。当时，禅宗内部斗争激烈，争夺法系继承人的斗争更发展到你死我活的地步。慧能不仅接受传法袈裟是秘密进行的，而且他在原来的寺院已无法安身，只得逃到南方，隐藏达 16 年之久。到了公元 676 年以后，他才在韶州（今广东韶关）曹溪一带公开传教，广聚僧徒，发展为势力可观的禅宗南宗而与以神秀为首的禅宗北宗相对立。安史之乱以后，南宗获胜，取得禅宗的正宗地位。禅宗是我国佛教史上的重要教派，到唐末五代而极盛，宋元以后仍继续发展，并传播到朝鲜和日本。

禅宗不是印度原有的佛教宗派的移植，而是中国土生土长的一个宗派。它的产生代表了中国佛教发展中的新趋向。它反对繁琐的宗教仪式，反对钻研与阐扬繁琐的佛教经典，不讲布施财物和累世修行，甚至不主张坐禅。它主张"顿悟成佛"，人人可以成佛。这一方面打破了僧侣贵族对佛教的垄断，反映了广大下层僧侣的某些情绪和要求；另一方面又扩大了佛教的影响。由于禅宗使佛教的内容和形式大为简化，由于它提倡在家修行，这就使广大民众易于接受佛教，成为佛教的信徒；至于它提出的"放下屠刀，立地成佛"的主张，更适合嗜杀成性的暴君和封建士大夫的口味，成了他们精神上的慰藉。因此，禅宗是中国化的佛教，也是佛教精神和佛教宣传的扩大和深入。

禅宗的"顿悟"说以主观唯心主义的世界观作为基础。禅宗否定外界事物的存在，宣扬外界的一切皆空："世界虚空，能含万物色像，日月星宿，山河大地，泉源溪涧，草木丛林，恶人善人，恶法善法，天堂地狱，一切大海，须弥诸山，总在空中。"世界的一切既然只是虚空，那当然不可能有什么外界事物的运动和变化。一天，慧能去广州法性寺，恰好有风吹动旗幡，两个僧人就此议论起来。一个说是"风动"，一个说是"幡动"。慧能说他们都没有讲对："不是风动，不是幡动，仁者心动。"在慧能看来，除了自己的心以外，风与幡以及外界的其他事物既不存在，更无运动、变化可言。

禅宗在抹杀外界事物的同时，却无限夸大心的作用。它认为，一切由"心"所派生，以"心"为转移。"外无一物而能建立，皆是本心生万种法。故经云：心生，种种法生；心灭，种种法灭。"这里是说，万物的根源不在身外，尽在自心。另一方面，心量宏大无比，能够包含一切也能够明察一切。"心如虚空，名之为大"，"心量广大，遍周法界，用即了了分明，应用便知一切。一切即一，一即一切。去来自由，心体无滞，即是般若。"至此，禅宗赋予"心"的各种神奇特性都已显示出来：心能创造一切，包含一切，明了一切。

禅宗在万法唯心的基础上把求佛的道路减缩到最短的距离。它认为，既不必到异国去求佛，也不必到高不可攀的彼岸世界去求佛。"识心见性"就是获得佛性的捷径。禅宗把心和性联系在一起。没有心，性无所依托，"心是地，性是王，王居心地上"；没有性，心也不能独存，"性在身心存，性去身心坏"。心和性的统一，使"识心见性"成为可能，也使成佛易如反掌。凡能识得本心本性就能成佛。"佛者，觉也。""万法从自性生。思量一切恶事，即生恶行；思量一切善事，即生善行。如是诸法在自性中。"诸法与佛既存在于自心自性，那也就根本无须向外追求。"自性觉，即是佛。""菩提只向心觅，何劳向外求玄？听说依此修行，西方只在目前。""佛向性中作，莫向身外求"。禅宗设计的这条以"识心见性"为内容的成佛捷径，为人们开出了通向天国的最廉价的门票，在客观上也破坏了佛的至高无上的尊严。禅宗是佛性天赋论的鼓吹者。它之所以断定人人有佛性，佛性不必外求，就因为它认定佛性是先天存在于每个人心中的自然本性。"若菩提般若之智，世人本自有之"，"善知识，一切般若智，皆从自性而不从外入"。这种佛性天赋论完全歪曲了人的本质，并且从人的本性上为宗教的合理性和必要性制造根据，因而是一种极端荒谬而且极端有害的理论。禅宗根据这种理论不仅说明"顿悟成佛"的可能性，而且也指出了"顿悟成佛"的具体门径。它认为，佛性人人皆有，有的人之所以不能成佛，原因只在于这些人的佛性受了蒙蔽。"只缘心迷，不能自悟"，"被妄念浮云盖覆自性，不得明朗"。因此，是否成佛，只在悟与不悟之间。"不悟即佛是众生，一念悟时众生是佛。故知万法尽在自心，何不从自心中顿见真如本性？"为了一悟成佛，禅宗主张脱离尘世间的一切欲望，脱离外界的一切事物，这就叫做"离外相"。"外离相即禅"，"世人外迷著相，内迷著空，若能于相离相，于空离空，即是内外不迷"。所谓"内外不迷"，就是诱使人们超脱外界的一切，把外界视若虚无，同时排遣内心的一切念头。如果真正做到"内外不迷"，那就是身如槁木、心如死灰的一具僵尸。禅宗为了把人修炼成类如僵尸，还提倡"三无"功夫："我此法门，从上以来，先立无念为宗，无相为体，无住为本。"总的来说，"三无"功夫是要求不存任何是非好恶的念头，不感觉外相（外界事物）的存在，不使是非好恶的念头和外相在心里存住。这就是所谓"于念无念"、我法二相皆空、"念起即觉，觉之即无"。在这"三无"功夫中最要害的一点是"无相"，即否定外界一切事物的存在，这是禅宗整个唯心主义思想体系的基础，也是它的顿悟修行方法的基础。禅宗提倡"三无"，力图把民众修炼成活的僵尸，听任封建统治者的驱使和宰割，这正是禅宗和其他佛教宗派共同的政治目的。

 3 柳宗元和刘禹锡

柳宗元（773～819年），字子厚，原籍河东（治所在今山西永济县），生长在长安，年21岁与刘禹锡同登进士第。永贞元年（805年）参加王叔文领导的改革运动。在豪门世族的反抗下，这个运动很快宣告失败，柳宗元先后被贬为永州（今湖南零陵县）司马、柳州刺史。

柳宗元是唐代的无神论者和唯物主义思想家。从基本的倾向上看，他否定神的存在而重视人的作用。他说："圣人之道，不穷异以为神，不引天以为高。利于人，备于事，如斯而已矣。"他进而指出，迷信神灵是力量不足的表现："力足者取乎人，力不足者取乎神。所谓足，足乎道之谓也。"不仅如此，他还认为封建统治者热衷于宣扬天神，其目的在于愚弄并欺骗老百姓。他后期屡遭贬谪，困居迷信落后的荒僻之地，"与囚徒为朋"。在惶恐、孤独以及备受禁锢和疾病折磨的情况下，柳宗元"犹未尝肯道鬼神等事"，保持着无神论的坚定信念。永州龙兴寺内有一处地面隆起，参加平地的劳动者尽死，于是人们把这件事作为鬼神存在的见证。柳宗元大胆地进行了驳斥。他说，南方多疫病，劳动者往往早死。参加寺里平土的人，是死于劳动过度和疫病，与鬼神无关。柳宗元还否定祥瑞，也反对神仙方术："不为方士所惑，仕虽未达，无忘生人之患。"他的基本倾向是着眼于人和人的现实生活，而否定鬼神的存在并反对有关鬼神的迷信活动。

柳宗元的无神论思想是同他对世界及其运动规律的唯物主义观点相联系的。他认为，宇宙万物都由元气构成，并不存在什么造物主。他说：黑夜和白昼不停地互相交替，万物从蒙昧、混沌的状态逐渐变化发展，都是元气在自然而然地起作用。阴、阳、天三者结合，化生万物，他们都受元气的支配。元气缓慢地吹动，造成炎热的天气；迅疾地吹动，造成寒冷的天气，冷热交替而发生作用。天也根本不是由什么人经营创造的，所谓"天有九重"，实际上是阳气积聚的结果。混沌一片的阳气像车轮一样转动着，因此被加上"圜（音 yuán）"的称号。天是由阳气自然而然凝聚而成的，没有谁为此建立什么功绩，做过什么工作。可见，产生天地万物的本原是物质性的元气，天地万物是从这个本原中自然而然产生和发展的。这是一种朴素唯物主义的宇宙生成的观点。

柳宗元从唯物主义观点出发，驳斥了"天"能"赏功罚祸"的观点。他的基本思想在于肯定世界的物质性，认为天、地、元气和阴阳就像瓜果草木一样，都是自然界的物质。既然如此，它们也就无所谓喜怒和报应。柳宗元的结论是："功者自功，祸者自祸，欲望其赏罚者大谬；呼而怨，欲望其哀且仁者，愈大谬矣。"这里值得注意的是，柳宗元继承了先秦时期唯物主义的"天人相分"思想，把社会现象同自然现象区分开来，认为人们在社会生活中取得的成功或招致的祸害同自然界无关，向"天"索求赏罚或者告哀求仁都是荒谬的。他还进一步提出："生植与灾荒，皆天也；法制与悖乱，皆人也，二之而已，其事各行不相预。"自然现象（生植与灾荒）和社会现象（法制与悖乱）的产生各有其原因，互不干预。

柳宗元还谈到宇宙的无限性问题。他说，天没有尽头，它广大无边，运动不息，东西南北，各个方向上都没有边界，也没有止境（"东西南北，其极无方"）。宇宙不仅在空间上是无限的，而且它的运动变化也是无限的。整个宇宙处在结合与分离、吸引与排斥的无穷的运动变化之中。

柳宗元在哲学上的重要贡献还在于他发展了元气自然论的观点。他认为，客观存在着的物质世界都是自己在运动变化。他说："山川者，特天地之物也，阴与阳者，气而游乎其间者也。自动自休，自峙自流，是恶乎与我谋？自斗自竭，自崩自缺，是恶乎为我设？"这是说，天地、山川、阴阳等一切事物的变化都是它们本身引起或展开的，是不以人的意志为转移的。柳宗元以蝮蛇为例对元气自然论作了进一步阐明。蝮蛇出没于草丛中，它以剧毒给人以伤害。这并非蝮蛇故作姿态，它的一切特征都是自然而然具有的。可见，柳宗元的元气自然论的实质在于承认事物的客观性和必然性。由此出发，他主张尊重事物的客观规律，认为种树能手郭橐（音 tuó）驼之所以取得成功，恰恰在于能够按照客观的自然规律办事。柳宗元从元气自然论引出尊重客观规律性的结论，这种思想是很可贵的。

柳宗元把尊重事物的客观性和必然性的观点运用到历史领域，提出了"势"的理论。这一理论的主要内容是：第一，社会进步是历史发展的趋势。人类最初生活在野兽中间，没有长官，也没有社会组织，随着社会的发展，要求一些有智慧和明白事理的人出来主持公众的事情。这样，就逐渐产生君长、诸侯、方伯、连帅以至天子，社会组织日益复杂和完备。从社会制度上说，由开始无社会制度可言到实行封建制进而实行郡县制，这个社会发展和进步的趋势是不可能改变的。郡县制之所以代替封建制，是由于前者与后者相比具有明显的优越性。在封建制下，受封的王位是世袭的，不利于选拔和任用贤才，"圣贤生于其时，亦无以立于天下"。郡县制则不同，它便于选拔和任用人才。柳宗元关于"势"的理论首先在于肯定历史的进步性，肯定先进的事物代替落后的事物是不可抗拒的历史趋势。第二，历史受一种必然性（"势"）所支配，而不是决定于天命或个人的意志。比如在某种情况下封建制不以人的意志为转移而必然地产生出来，因此，"封建非圣人意也，势也"。同样，它的存在和发展也具有必然性，不能由人们随心所欲地把它去掉，"彼封建者，更古圣王尧舜禹汤文武而莫能去之，盖非不欲去之也，势不可也"。后来出现的郡县制又具有不可忽视的优越性和合理性，不可任意革除，"今国家尽制郡邑，连置守宰，其不可变也固矣"。第三，要求从历史中区分主要的东西和次要的东西，即把根本制度同具体政策区分开来。比如，周代后期的动乱，主要是分封制的弊病，"失在于制，不在于政，周事然也"；而秦王朝后期的动乱主要是具体政策的弊病，"失在于政，不在于制，秦事然也"。这种区分不但有助于说明历史的真相，而且有助于把必然性的观点贯彻到底。

柳宗元的"势"论承认历史发展中存在着不以人的意志为转移的必然性，这是古代历史观的一种进步。

刘禹锡（772～842年），字梦得，中山（治所在今河北正定）人。他早年考取进士，和柳宗元一样，以"永贞革新"作为生平的重要分界。在此之前，他一直很顺利，官至监察御史、屯田员外郎。"永贞革新"失败以后，他因参加王叔文领导的改革运动而累遭贬谪。

刘禹锡对世界的物质性有一定的认识。他认为，人和天都以物质作基础。比如，人的精华部分（头目耳鼻等）以肾肠心腹作基础；天体的精华部分（日、月、星辰）是以山川五行作基础。无论天地、山川五行或动植物都是由清浊轻重不同的气构成的。刘禹锡认为，由清（轻）气和浊（重）气分别形成了天和地，天地阴阳的互相作用，便化生出雨露风雷和各色各样的动植物。这实际上是说，我们面对的世界是物质的世界，没有什么神秘的性质。刘禹锡还进一步指出，天是一种物质实体："天形恒圆而色恒青，周迥可以度得，昼夜可以表候。"认为天是一种青色的圆形物体，它的周长能够测量出来，它一昼一夜的运行也有征候。刘禹锡关于天体颜色和形状的描述虽然是直观的、不科学的，但是从这种描述的背后，我们可以看到他对于天的物质性及其可认识性的承认。

刘禹锡认为，世界上的物质有两种形式：一种是"形之粗者"；另一种是"形之微者"。前者是肉眼看得见的，后者则是肉眼看不见的。但肉眼看不见的东西并不等于它们不存在，只因为人的眼睛有很大的局限性。因此，不能以目所见为有，以目所不能见为无。天地之间没有绝对的空虚和无形，"空者，形之希微者也。为体也不妨乎物，而为用也恒资乎有，必依于物而后形焉。"这是说，空间也存在着有形的物，不过这种物很微小，难于用肉眼看见罢了。刘禹锡进一步肯定，物都是有形的，只存在着有常形和无常形的区别："乌有天地之内有无形者邪？古者所谓无形，盖无常形耳。"刘禹锡的这种物质观从更高的水平上否定了王弼等人"以无为本"的唯心主义思想，是对古代朴素唯物主义思想的重要发展。

刘禹锡肯定物质运动的规律性和必然性。这就是所谓"数"和"势"的观点。刘禹锡认为，事物是互相联系的，在事物的互相联系中，"必有数存乎其间"。比如天体总是圆的，昼夜的运动是有征候的，这就是事物（天体）的规律（数）。既然天体的运行具有规律性，那么它也就具有必然性。这种必然性就叫做"势"。"恒高而不卑，恒动而不已，非势之乘乎？"天体总是那么高而不降落下来，总在那里运行而不停止，这其中不是有一种必然性吗？"数存，然后势形乎其间焉"，任何事物都不能"逃乎数而越乎势"，因为"数"和"势""附乎物而生"，是不能离开事物的，是客观事物本身所固有的。刘禹锡关于事物的规律性和必然性的观点具有科学因素，它是同唯心主义的"天人感应"论中所表现的主观性和随意性相对立的。

刘禹锡在"天人相分"的基础上，进一步提出

"天与人交相胜"的思想。这种思想的要点在于：

第一，天和人存在着重大的区别。天是有形的物体中最大的，人是动物中最有智慧的。天和人的功能各不相同，"天之所能者，生万物也；人之所能者，治万物也。"天胜于人的地方在于生植万物，人胜于天的地方在于利用和改造万物。在刘禹锡的"天与人交相胜"的思想中肯定了人的智慧和作用。它的重点是强调"人诚务胜乎天"的观点。

第二，人胜天的条件在于社会生活本身的状况。"人能胜乎天者，法也。法大行，则是为公是，非为公非，天下之人，蹈道必赏，违之必罚。"意思是说：人胜天的条件是法制。如果法制严明，赏善罚恶的事情通过法制就能获得正确的解决。这样，人们就不会相信或求助于天对人事的干预。相反，"法大弛，则是非易位，赏恒在佞（音 nìng）而罚恒在直，义不足以制其强，刑不足以胜其非，人之能胜天之实尽丧矣"。刘禹锡的法制观点，强调要"公是"、"公非"，实际上是对当时封建统治者贪赃枉法、专横跋扈的抗议。他认为，"公是"、"公非"，政治清明，就能"人胜天"；相反，就是"天胜人"。实际上，他是试图从社会制度本身探寻无神论与有神论的根源，具有合理的思想因素。

第三，人胜天的条件还决定于人们对事理认识的程度。就是说，人对天的依赖程度以"理明"或"理昧"为转移。比如，在一条小河里行船，不论平安、搁浅或者翻船，都是由驾船的人自己直接掌握的，"舟中之人未尝有言天者，何哉？理明故也"；如果在大江大海行船，许多条件非人力所能控制，"舟中之人未尝有言人者，何哉？理昧故也"。刘禹锡的结论是"人不宰，则归乎天也"，认为人们在自然力面前无能为力，不能主宰自己的命运，就会诉之于有意志的"天"（神）。在社会斗争中也是如此。"生乎治者人道明，咸知其所自，故德与怨不归乎天；生乎乱者人道昧，不可知，故由人者举归乎天"。刘禹锡认为，人们不明事理，从而在自然斗争和社会斗争中无能为力，是人们容易接受或倾向于有神论的重要原因，这是一种卓识。但是，他忽视了宗教、有神论产生的阶级根源，则是一个严重的缺陷。

五　宋明时期的理学（上）

 理学产生的历史背景

　　理学是宋元明清时期占主导地位的哲学思想和意识形态。它产生于北宋，到南宋达到成熟阶段。

　　公元 960 年，曾任后周殿前都点检的赵匡胤，通过陈桥兵变，由部下拥戴做了皇帝，建立了宋朝。除了辽和夏控制的地区外，在南北广大地区结束了五代十国时期的封建割据，重新实现了统一。宋代统治者使封建专制主义的中央集权达到了空前强化的程度。他们为了避免唐、五代出现的大权旁落以及难以控制的混乱局面，对文臣、武将、女后、外戚、宗室、宦官防范甚严，而把各方面的大权集中于皇帝一身；在经济上，地主购置田地剥削佃客的租佃制关系得到普遍发展，出租土地、收取租课已成为地主阶级剥削农民的主要方式，从而改变了唐代带有农奴性质的部曲制。国家的统一以及政治、经济方面的新因素，使北宋前期的社会生产力和文化事业都有了显著的发展。火药、指南针和活字印刷术在北宋的发明与应用更是我国科学和文化史上的大事。

从社会发展的行程上看，封建制度发展到宋代，它的固有矛盾和腐朽性质表现得更充分、更明显。比如，各级官员和地主可以任意购置田产，使封建制度下的土地兼并之风以及随之而来的土地高度集中的现象，在宋代发展到了非常严重的程度。"富者有弥望之田，贫者无卓锥之地"。这些贫者成了租耕地主土地的佃客。广大贫苦农民政治上受压迫，经济上受着沉重的苛捐杂税和高利贷的剥削。他们在不堪忍受的时候，便起来为救死而斗争。宋代是我国历史上农民起义发生率最高的时期之一。

宋王朝的统治基础处在动摇和崩溃之中，连封建统治阶级中也有一部分人感觉到有进行改革的必要。熙宁年间，王安石在宋神宗的支持下，实行以限制和打击大地主、大商人为内容的变法。由于保守派的力量强大和变法派的力量相对弱小，更由于变法派脱离民众并以防止和镇压农民的反抗作为变法的重要目标，所以，变法很快以失败告终。此后，北宋王朝更加腐败，终于一蹶不振。公元 1127 年，金军掳走徽、钦二帝，北宋从此灭亡。继之而起的南宋朝廷偏安于江南一隅，对收复北方完全丧失了信心。

其实，从一开始，宋代的各种矛盾就以相当尖锐的形式存在着。爆发于太祖、太宗两朝的川蜀地区农民和士兵的武装起义，表明农民阶级同地主阶级的矛盾从宋朝建立时起就已经激化。至于宋王朝与金人之间，更是从一开始就处在势不两立的关系中。各种尖锐的社会矛盾推动宋代统治者加强思想上的统治，并赋予宋代的统治思想以新的形式。

宋代的统治思想是儒、佛、道三者在更高程度上的结合。这首先表现在宋代统治者对三者的态度上。宋太祖即位后不久，就提倡尊孔读经，并亲自撰文赞颂孔子。真宗更坚决表示"获绍先业，谨守圣训，礼乐并举，儒术化成"。他亲自撰写《文宣王赞》和《崇儒术论》，歌颂孔子是"人伦之表"，孔学是"帝道之纲"。与此同时，宋代统治者也推崇佛教。太祖采取了一系列保护和发展佛教的措施，在较短的时间内，兴建了一批寺院，使僧徒由宋朝建国时的6万多增加到24万。真宗时期，僧徒增加到40多万。真宗亲自撰写《崇释论》，使佛教享有与儒学同样重要的地位。宋代特别是北宋，也是道教的兴盛时期。真宗编造道教的神话，说他梦见神人传玉皇的命令："先令汝祖赵玄朗授汝天书"。于是，在真宗的倡导下，大修道观、续修道藏、铸造玉皇像和圣祖像，在全国掀起了尊崇道教的狂热。真宗说："三教（儒、佛、道）之设，其旨一也。""释道二门，有补世教。"这表明宋代统治者已经明确认识到儒、佛、道三者是统一的整体，并且相当自觉地利用这三者进行思想上的统治。

当然，儒、佛、道三者在宋代也有互相矛盾的一面。由于具体的政治形势不同，宋代统治者对这三者的态度也并不完全一致。

自魏晋以来，儒、佛、道三者既互相融合又互相矛盾的状况，以及宋代长期面临的社会危机，使宋代的思想呈现出非常复杂的局面。宋代的理学就是在这种复杂的背景下产生的。从一方面看，理学是儒、佛、道三者的进一步融合；从另一方面看，理学的产生以及理学的基本倾向却具有同佛、道相对抗的性质。理学是宋代的新儒学。它是长期以来封建经济、政治、思想等方面变动的产物，也是长期以来复兴儒学的思潮所汇集的一种成果。自魏晋以后，佛、道泛滥，儒学显得衰微。佛、道能够而且一直为封建统治者所利用。但是，佛、道对封建制度（无论是经济制度或封建伦常等级制度）又具有一定程度的离心作用和破坏作用。因此，即使在佛、道最盛行的时期，儒学的地位和作用也是不容忽视的。从唐代以来，佛、道的弱点进一步暴露，复兴儒学以排斥佛、道的努力一直为一些人所坚持。如果说，唐初傅奕等人的反佛活动初步表明了维护儒学的立场，那么中唐以后，韩愈等人以儒家的"道统"对抗佛老，则正式举起了复兴儒学的旗帜。宋代的理学家如朱熹虽然否认自己是韩愈"道统"论的继承者，但他们并不否认"道统"的存在。朱熹认为，二程（程颢、程颐）是道统的继承者，"吾少读程氏书，则已知先生之道学德行，实继孔孟不传之统。"理学家继承儒家的"道统"，复兴儒学，其目的就是要同佛、道相对抗。作为北宋理学奠基者的张载，反对佛、道的态度是很坚决的。他要求在佛教面前要有"独立不惧，精一自信"的气概。程颢、程颐说："惟佛学，今则人人谈之，其弥漫滔天，其害无涯。"朱熹说："异端之说日新月盛，以至于老、佛之徒出，则弥近理而大乱真矣。"他们认为，只有继承道统，复兴儒学，才能击败异端，廓清被佛、道搞乱了的问题。事实上，理学家们并没有真正做到这一点。他们本人同佛、道有着这样或那样的瓜葛，他们在自己的著作中采用了佛、道的一些范畴、资料和观点，他们在不少问题上没有也不可能同佛、道划清界限。即使如此，作为新儒学的理学同鼓吹出世的宗教仍然有很大的区别，它同佛、道相对抗的一面也是应该承认的。

不用说，作为新儒学的理学同孔孟的儒学存在很多相同的东西，但它形成于宋代新的历史环境，所以，它同传统的儒学又有重大区别。理学讨论的中心问题是"性与天道"。理学给人性、伦理道德提供了一个本体论的基础，又从本体论的高度上把封建伦理道德看成不以个人意志为转移的绝对、永恒的命令，然后又把这种绝对、永恒的命令化为人性的内在要求。理学的重要特点之一是自觉而顽强地维护封建秩序、封建伦常和封建等级。它鼓吹"存天理，灭人欲"，主张通过内省、养心、尽性的工夫，剥落"人欲"，恢复"本心"，即主张牺牲个体和民众的合理要求而维护封建专制主义的统治。理学处于统治思想的地位达700年之久，对中国后期封建社会的影响十分广泛和深远。它无疑包含不少封建性的糟粕。与此同时，也要看到，理学中存在不同的流派和倾向，包含着理论思维的较高成就和不容忽视的积极因素。我们应该对理学进行科学的研究，进行实事求是的分析和评价。

宋代理学有濂、洛、关、闽四大学派。"濂"以定居庐山濂溪书堂的周敦颐为代表;"洛"以长期在洛阳从事学术活动的二程(程颢、程颐)为代表;"关"以关中的张载为代表;"闽"以侨居福建的朱熹为代表。这四个学派,其基本思想观点是相通的。如果细分一下,那么,可以把理学分为两大派。一派是程朱理学,一派是陆九渊的心学。

理学在宋代的发展分为两个阶段。北宋为第一阶段,这是理学形成和初步发展的时期。这个时期的著名理学家有周敦颐、张载、程颢、程颐。南宋为第二阶段,在这个阶段理学获得了进一步发展。这个阶段的著名理学家有朱熹、胡宏、张栻(音 shì)、陆九渊。最值得注意的是理学在这个阶段上出现了它的对立面。陈亮对朱熹等人的观点作了初步批判。叶适也参加了批判者的行列。在南宋的统治集团中,坚持抗战的一派对理学和理学家也是厌恶的。孝宗朝的抗战派特别是宁宗朝的韩侂(音 tuō)胄等人称理学为伪学。宁宗和韩侂胄在庆元年间对理学加以禁绝。当然,南宋的某些统治者对理学的揭露和批判,不仅是暂时的,而且具有宗派斗争的性质。到理宗时期,朱学的合法性才得到封建朝廷的承认。

宋代理学的代表人物

宋代是理学形成和发展的时期,出现了不同的学术流派和为数众多的理学家。其中濂、洛、关、闽四派的代表人物依次为周敦颐、二程（程颢和程颐）、张载、朱熹。周敦颐是理学的先驱者，二程、张载是理学的奠基者，朱熹是理学的集大成者。

周敦颐（1017～1073年），字茂叔，原名敦实，湖南道县人，人称濂溪先生。担任过郴州县令、南昌县令等地方官职，后升为广南东路转运判官，并提点刑狱，颇有政绩。他在哲学上，提出以"无极"为本原的宇宙生成论。无极本来是指最广大的虚无，但就其包含或产生"太极"来说，它又不是绝对的虚无，它能够产生有。周敦颐把这种事物产生的过程叫做由"无极而太极"。另一方面，太极本身来自无，它虽然能够产生万物，但它并不是任何具体的物，况且由它产生的万物最后也要归结为"无"。事物的这种结局或归宿，叫做"太极本无极"。从事物的发生这一方面看，周敦颐吸收了道家"有生于无"的思想；从事物的归宿这方面看，他吸收了佛教"以空无为宗"的思想。他又把宇宙的最高本体叫做"一"。他说："二气五行，化生万物。五殊二实，二本则一。是万为一，一实万分。"意思是说，阴阳二气的结合变化，产生五行，即金、木、水、火、土。五行之间的相互作用，产生万物。五行为变化提供不同性质的材料，阴阳二气则是变化的动因。这就是所谓"五殊二实"。但阴阳二气本身以及它们的作用，都来自"无极"。这就是所谓"二本则一"。"一"是"无极"的代名词。总之，"无极"通过"太极"化生万物，这就是"一实万分"；万物又归结为无，这就叫"是万为一"。周敦颐通过"一"和"万"的关系，进一步说明了事物的发生和归宿这样两个方面。这两个方面，后来被朱熹发展成理学的重要理论之一的"理一分殊"论。

周敦颐作为理学的先驱者，发展了传统的"三纲"、"五常"观念，建立了新的封建纲常体系。其主要内容有：

（1）以天、地、君、亲、师作为纲常的主体。周敦颐不仅把天道的阴与阳、地道的柔与刚当作封建纲常体系的重要范畴，而且认为天地具有意志，封建纲常必须服从或适应天地的意志，这就叫做"与天地合其德"。只有这样，才能出现一种最完美的"政善民安"的和谐状态。周敦颐提出"阴阳理而后和"的命题，强调君和亲的重要性。他说："君君、臣臣、父父、子子、兄兄、弟弟、夫夫、妇妇，万物各得其理，然后和"。其中，他把君主看作天下民众的根基，认为"天下之众，本在一人"，从而确立君主的至高无上的地位，这就是道术的核心。周敦颐反复论述尊师立教的观点，认为"师道立，则善人多；善人多，则朝廷正而天下治矣。"

（2）以"诚"为五常之本。周敦颐不满足于传统的"五常"（仁、义、礼、智、信）这几种并列的德目，力求赋予这些德目以统一的基础。他认为这种统一的基础就是"诚"。在他的全部社会伦理思想中，"诚"是最高的范畴。他说："诚者，圣人为本"，"圣，诚而已矣"，"诚"是德行的根本。不仅如此，"诚"还是寂然不动、无为无事的宇宙本体。周敦颐提出"诚"这个重要范畴，是要用它来论证天与人的合一，宇宙论与道德论的合一，天理与封建纲常的合一。这正是宋代理学的基本特点。掌握了这个基本特点，那就容易了解周敦颐对传统的"五常"进行改造的必要性和必然性。周敦颐虽然没有明确提到"天理"，但是，他的"诚"同程朱的"天理"并没有实质的区别。他用"诚"统率"五常"，是要把"五常"这些道德教条看作天下之至理，也就是所谓"天理"的必然。他说："诚，五常之本，百行之源也。"在周敦颐看来，"诚"是根本，五常百行则成了从属的东西。五常百行如果不合于"诚"，那就会流于邪暗。这种以"诚"为根本的"五常"已经不是人们自觉的道德，而是比任何强制力都大得多的绝对命令。这种绝对命令的头一条，就是要人放弃必要而合理的生活欲望，做到"惩忿窒欲"。"诚"还意味着无为无动，"诚无为"、"寂然不动者，诚也"。可见，以"诚"作为封建道德的根本，就是要人们无为无动无欲，听任封建统治者摆布和驱使。

（3）以"中"为五常的最高标准。在周敦颐看来，传统的"五常"（仁、义、礼、智、信）固然都是善德，但由于缺乏明确的目标和界限，所以，同一种善德可以有互相对立的行为表现。比如，"善"就有"刚善"与"柔善"之分，而且"刚善"与"柔善"同时又可以表现为恶德。"刚"过了头就成了桀骜不驯，"柔"过了头就会流于软弱与邪佞（音 nìng）。针对这种情况，周敦颐把"中"作为一切德目和行为的最高标准。他说:"惟中也者,和也,中节也,天下之达道也,圣人之事也。故圣人立教,俾人自易其恶,自至其中而止矣。""天下化中,治之至也;是谓道配天地,古之极也。"在这里,"中"不仅是最高的品德,而且是最高的治道。"中"是伦理与政治的统一,是伦理学的政治化。它是为封建政治特别是为封建专制主义的刑治作辩护的。在周敦颐看来,人性、人的欲望和感情往往导致人们违反中道,做出邪恶的事情来,所以必须依靠刑罚。这就是所谓"以刚得中"的原则。

(4)以治身与治家为基本的着眼点。周敦颐说:"治天下有本,身之谓也;治天下有则,家之谓也。本必端,端本,诚心而已矣;则必善,善则,和亲而已矣。……是治天下观于家;治家,观身而已矣。"他强调治身与治家对于治理社会的重要性,又把"诚心"作为个人修养的根本,把"和亲"作为治家的基本原则。

总的来说,周敦颐以天地君亲师作为纲常的主体,以"诚"为五常之本,以"中"为五常的最高标准,以治身与治家为基本的着眼点,这种封建纲常的新体系是当时社会矛盾的产物,更能适应宋代封建统治阶级的需要。这种新的、更加强化了的封建纲常体系是周敦颐思想中最重要的部分,是他作为理学先驱者的重要标志。这也是他受到封建统治者嘉奖的重要原因。宋嘉定十三年(1220年)赐谥"周元公",淳祐九年(1249年)追封汝南伯,从祀孔子庙庭。他的后裔也备受优待。

张载（1020～1077 年），字子厚，今陕西眉县人，世称横渠先生。仁宗嘉祐年间进士，曾讲学关中，他创立的学派被称为"关学"。他的学说以《易》为宗，以《中庸》为体，以孔、孟为法，主要是发挥儒家的思想。在哲学上，他提出气一元论。所以，他在理学中是气学一派的代表人物。他认为整个物质世界统一于气，物质性的气是世界的本原，有形有象的万物都为气所构成。气分为两种状态：一是本原的状态，"太虚无形，气之本体"。气的本原状态是弥漫于整个空间的无形无状的东西。二是变态，"其聚其散，变化之客形尔"。在这种状态下，气或者凝聚而成万物，由无形变为有形；或者表现为凝聚物的分解，由有形之物变为无形之气，重新返回空间。气的不断凝聚又不断分解的过程就是世界万物不断产生又不断死亡的过程。张载说："太虚不能无气，气不能不聚而为万物，万物不能不散而为太虚。"这里强调"不得不"，表明气的聚与散都具有必然性。在张载看来，世界上的一切都来自气，一切无形的东西固然是气，一切有形的东西也都是气的一种变形（凝聚）。张载驳斥了道家"有生于无"和佛教"体虚空为性"的观点。他认为绝对的"无"和"空"都是不存在的。他提出了"太虚即气"的著名命题，说明整个空间都存在着"气"这种物质。气只有有形与无形的区别，根本不发生气的有无问题。在张载的物质观中，包含着物质不灭思想的萌芽。张载说："气之聚散于太虚，犹冰凝释于水，知太虚即气，则无无。"意思是说，凝聚着的气（物体）解散以后又变成气回到空间，就像冰块融化以后又回到水中一样。所谓空间实际上就是气。它永远是实有而不是虚无。张载显然认为，物质（"气"）不会消灭，它只是形态上发生变化而已。这是中国哲学史上的光辉思想。张载肯定了气自身具有运动的特性。他说，充满太虚的气，永无休止地运动着。其运动的形式有升降飞扬等多种。气的运动特别是阴阳二气的互相交感、互相作用，形成风雨霜雪和其他各种各样的物质形态。张载进一步指出，"动非自外也"。引起气的运动变化的原因不是来自外部，也不受外力的指使。气的运动源泉在于自身的矛盾性："一物两体：气也"。气作为物是一，其中有两即包含阴阳两个对立面。阴气与阳气的对立统一使事物变化无穷。张载还提出两种变化形式的思想："变言其著，化言其渐"，即一种是显著的变化，一种是逐渐的变化。

张载作为理学的奠基人并没有把气一元论贯彻到底，而是从气一元论出发，论证天与人的合一，天道与人性的合一，从而为封建伦理道德提供本体论的基础。张载认为，整个空间到处充满着气，有气就有性。"合虚与气，有性之名"，"气之性本虚而神，则神与性乃气所固有"。这样说来，气固然是宇宙本体，气所固有的性也是宇宙的本体。难怪张载强调说："天地之帅，吾其性"，认为人性也能成为天地的统帅和主宰。张载提出了两种性的理论，认为人同时具有所谓"天地之性"和"气质之性"。前者同气一样无限广大永久，它是一种先天的善性；至于"气质之性"则是人出生以后才具有的，有善和不善，故必须"变化气质"，去不善以存善。张载提出"尽性"的要求。所谓"尽性"就是去掉"气质之性"中之不善之性而返回"天地之性"即善性。张载的两重性理论以"天地之性"为本。他所说的反本尽性的过程就是存善去恶的过程，也是存天性灭人性的过程。这与程朱理学"存天理，灭人欲"的思想完全一致。

二程即程颢和程颐，是同胞兄弟，长期居于洛阳。他们创立的学派称为洛学。作为理学的奠基人，他们有许多相同的观点，但思想倾向却不完全相同。

程颢（1032～1085 年），字伯淳，人称明道先生。他早年考中进士，做过几任地方官，颇有政绩。后来担任过太常丞的官职。他曾反对王安石新法，但不一概反对变革，指出"所谓更张者，顾理所当耳"。他上疏劝仁宗"救千古深锢之弊，为生民长久之计"，进行若干改革。在哲学上，他提出天理自然论，认为理是一种自然趋势，指出天地万物之理，都不能孤立存在，而是与其他事物相对而存在的。一切事物"皆自然而然，非有安排也。"他坚持理所具有的自然本性，强调"顺"与"循"，即强调顺着事物的自然本性去做而反对逆着事物的自然本性去做。他说："万物皆有理，顺之则易，逆之则难。各循其理，何劳于力哉？"他认为用牛耕田负重，用马乘骑，都是根据牛和马的自然本性确定的，为什么不用马耕田负重而骑牛呢？程颢的答案是"理之所不可"。他从长短、大小之理，进一步肯定天理的自然本性。他说：天所生出的万物，有长有短，有大有小。不可能使小变大，也不可能使大变小，"天理如此，岂可道哉?"程颢的理学思想有3个显著特点：①打破形而上与形而下的界限，认为作为事物自然趋势的理，不能脱离事物而存在，因此，形而上者谓之道，形而下的阴阳二气也是道。不应该把形而上的道与形而下的道截然分开。②打破主观与客观的界限，在对于宇宙、人生的理解上，强调"浑然与物同体"。程颢说：学者必须首先认识什么是仁，仁者浑然与物同体，义、礼、智、信都是仁的内容或表现。他又说："仁者以天地万物为一体"。③打破性内与性外的界限，提出"性无内外"的命题，反对"以内外为二本"，主张以内外为一本，实际上主张以心为本，由心统摄内外。他说："夫天地之常，以其心普万物而无心；圣人之常，以其情顺万物而无情。故君子之学，莫若廓然而大公，物来而顺应。"意思是说，宇宙（天地）没有自己的心，一切有心的东西，都是宇宙的心，宇宙无主观客观之分。圣人的精神境界同宇宙一样广大，也没有主观和客观的分别，即主观包括了客观。在不分主观与客观界限的前提下，程颢进而要求忘掉这种界限，即所谓"内外之两忘"，断言"两忘则澄然无事矣。无事则定，定则明，明则尚何应物之为累哉!"他认为，心性定而明是修养的最高要求。他的内外一本与内外两忘的观点对后来心学的形成有重要影响。

程颐（1033～1107 年），字正叔，人称伊川先生。他担任过西京国子监教授、秘书省校书郎、崇政殿说书等官职。哲宗绍圣时期，他被削籍流放四川涪州。徽宗即位，徙峡州。复官不久，又被削籍。他曾反对王安石的新法，但他指出当时危机四伏，一触即发，变革势在必行，并上书皇帝，主张"以王道为心，以生民为念，黜世俗之论，期非常之功"。他在哲学上，提出理本论，把理看作具体事物的本原，指出"至微者理也，至著者象也。"认为理与象（具体事物）的关系是体与用的关系，理为体，象为用，理是第一性的、本原性的，具体事物则是理所派生的。理和象还有至微和至著的不同。前者作为本体是最精微的，它可以为人们所体认，但不可为人们的肉眼所觉察；而作为具体事物的象则是最显著的东西，很容易为人们的肉眼所觉察。在理气关系上，程颐主张理在气先，气为理的派生物，指出"有理则有气，有气则有数。"就本体而言，他强调理的唯一性和不变性，认为理作为本体是唯一的和永恒不变的，断言"理则天下只是一个理，故推至四海为准。须是质诸天地，考诸三王而不易之理。"就具体事物而言，他又强调理的多样性和可变性。他说："天下物皆可以理照。有物必有则。一物须有一理。"这实质上是对"理一分殊"的思想的一种表述。与程颢不分形而上、形而下的观点不同，程颐很注重形而上、形而下的区分，认为理与气的关系是形而上与形而下的关系。他说："气是形而下者，道是形而上者。"形而上的道（理）派生或决定形而下的气。与程颢主张"动亦定、静亦定"的观点不同，程颐则反对定或者静。他说：先儒都以静作为天地之心的表现，而不知动恰恰是天地之心的表现，"才说静，便入于释氏之说也"。他认为，强调静就与佛教划不清界限。他用天理论对封建纲常进行论证，认为封建纲常是天理的体现，必须遵循。他说："天有是理，圣人循而行之，所谓道也"，"父子君臣，天下之定理，无所逃于天地之间"。实际上是说，谁违反了封建秩序就是违反了天理。程颐坚持泛神论，主张以宇宙间的自然作用来代替神和上帝，他说："只气便是神也"。认为神是造化的别名，气就是神。他借鬼神之名来说明造化之实，具有无神论的倾向。

朱熹（1130～1200年），字元晦，一字仲晦，号晦庵，又号晦翁，别称紫阳，徽州婺源（今属江西省）人。绍兴十八年（1148年）进士，做过几年地方官，晚年担任焕章阁待制兼侍讲。他由于卷入政治斗争，在庆元二年（1196年）被诬十罪，罢免官职。他所提倡的理学被称为"伪学"，他的学生蔡元定也被送道州编管。这在历史上称为"庆元学禁"，是对朱熹及其理学的一次沉重打击。南宋末年，朱熹被彻底恢复名誉，赠太师，追封信国公。其学派称为"闽"学，或考亭学派。朱熹生平主要从事著述、讲学，对经学、哲学、史学、文学、乐律以至自然科学都有贡献，被称为"综罗百代"的学者、理学的集大成者。在哲学上，他提出理本论。这种理论有以下几个要点：①理是世界的本原。理先于世界万物而存在，并且是世界万物的总根源。朱熹说："未有天地之先，毕竟也只是理。有此理，便有此天地。若无此理，便亦无天地，无人无物，都无该载了。""宇宙之间，一理而已，天得之而为天，地得之而为地。"就是说，天地万物都是由理派生的，是理的表现。②理是独立自在、一空依傍的东西。理不但存在于天地万物产生以前，而且可以脱离任何具体物质而独立存在，朱熹断言"万一山河大地都陷了，毕竟理却只在这里。"③在理气关系上，以"理"为体，以"气"为用，最后归结为"理"。朱熹认为理虽然是天地万物的总根源，但是，它"只是个净洁空阔底世界，无形迹"，也不会造作。真正有形迹会造作的是由理派生的气。在他看来，没有理固然没有气，可是没有气也不可能有形形色色的事物。从这个意义上说，理与气是不可分的。朱熹举例说：天地间各种各样的人物草木禽兽之所以能够生出来，是因为它们有各种各样的种子，没有种子绝不会平白无故地生出一个事物来。这个种子就是气。这是理生气，气生万物的过程。如果说气是生成万物的种子，那么，气这个种子最终是由理派生的。朱熹说："天地之间，有理有气。理也者，形而上之道也；气也者，形而下之器也，生物之具也。是以人物之生，必禀此理，然后有性；必禀此气，然后有形。"这说明理与气的关系是先与后、本与具、道与器的关系。气始终没有脱开理。气由理所派生，而气本身就包含着理："有此气则理便在其中。"④理一分殊。由气所形成的万物，也是理的体现："合天地万物而言，只是一个理。及在人，则又各自有一个理。""万物皆有此理，理皆同出一源。"这就是所谓"理一分殊"。朱熹对"理一分殊"

作了多方面的论证。首先，他以一月照万川论证"理一分殊"：因为天上的一轮明月，才有无数江湖水面所反映的月影。前者谓之理一，后者谓之分殊。其次，朱熹以一粒谷派生出无数谷粒论证"理一分殊"：一粒谷发芽变成禾苗，禾苗开花结实，又变成谷粒。"一穗有百粒，每粒个个完全。又将这百粒去种，又各成百粒。生生只管不已，初间只是这一粒分去。物物各有理，总只是一个理。"一粒谷种派生出无数谷粒，这就是理一分殊。再次，朱熹以太极论证理一分殊："本只是一个太极，而万物各有禀受，又自各全具一个太极。"有一个总的太极，它派生出各种各样的具体事物。这些具体事物虽然由总体的太极的一部分构成，但是，它们作为独立的事物，又是一个完整性的太极。"理一分殊"的思想表明，由理形成气，由气形成万物，万物最后又复归于理。至此，朱熹最终完成了理一元论的哲学体系。他把封建的三纲五常说成是"理之流行"，把封建道德原则永恒化、绝对化。他说："未有这事，先有这理。如未有君臣，已先有君臣之理；未有父子，已有父子之理。"他主张"存天理，灭人欲"。这种思想，一方面有助于克服社会的黑暗面，另一方面又有束缚群众的消极作用。

宋代的心学

　　心学本来是理学中的一派。有些学者把理学和心学统称为道学。不管心学归入理学还是归入道学，它与理学的共同性都是非常明显的。不同的是，理学认为理在天地万物出现以前一直存在，心学则认为理是人自身的属性，理就存在于人的心中。在宋代，心学的代表人物当推陆九渊。

陆九渊（1139～1193年），字子静，又称象山，江西抚州金溪人，赐同进士出身，先后做过几任地方官。他的哲学体系被称为心学。这种心学是在当时一切都溃烂不堪、"异端邪说，充塞天下"的社会背景下展开的。针对当时的社会严重状况，陆九渊主张"著大公以灭私，昭至信以熄伪"，即通过正人心来恢复人的价值。他把人的最根本问题归结为心的问题，指出："心之在人，是人之所以为人，而与禽兽草木异焉者也。"他认为心是人与禽兽草木相区别的关键，是一切言论行动的主宰，因此，研究心的特性从而使心纯正清明就成了心学的重要内容。陆九渊把心的特性分为本原性和变异性两种。本原性即共性，是说任何人的心本来都具有纯正清明的善良品格，这叫做"本心"。理想的人格就是"不失其本心"；拯救人的根本途径就是"复其本心"。心除了本原性以外，还有变异性。心本来是善良的，但它会发生由善到恶的变化。贫富、贵贱、利害、得失、声色、嗜欲等都会使人丧失本心。朱熹坚持天理与人欲的对立，陆九渊则坚持人心与人欲的对立，提出"欲去则心自存"的命题，主张彻底剥落人欲以恢复本心。朱熹建立理本论，陆九渊则建立心本论，提出心即理的公式："盖心，一心也；理，一理也。至当归一，精义无二，此心此理，实不容二。"他在坚持心与理合一的同时，还坚持心与宇宙的合一，提出"宇宙便是吾心，吾心即是宇宙"的论断。人的一颗心（古代被看作思维器官）怎么会变成世界万物的本体呢？原来，经过一系列非科学的抽象，使心完全不同于它所固有的那种样子。首先是心的体积被无限膨胀："心之体甚大，若能尽我之心，便与天同"；其次，心的物质形体不见了："其他体尽有形，惟心无形"。这种无限广大、没有形体的"心"便可以充塞宇宙或和宇宙合而为一。不过，用这样的"心"去说明宇宙万物是完全不可能的。

六 宋明时期的理学（下）

元明时期的思想状况

　　蒙古族的忽必烈于 1264 年至元元年建都燕京，1271 年定国号为大元。新建立的元朝加强了对南宋的进攻，1276 年占领南宋的都城临安（今浙江杭州市），1279 年消灭了南宋流亡政权，宋王朝从此灭亡。元朝初期采取了一些恢复和发展生产的措施，使粮食产量有所增加，手工业生产的规模有所扩大，手工业的技术也有所提高。由于在国内市场上使用统一的货币和统一的政令，元朝的商业出现了空前繁荣的景象。元朝的文化，无论是自然科学或文学艺术都得到了发展，出现了郭守敬、朱世杰等一批杰出的科学家，也出现了关汉卿、白朴、马致远、郑光祖等一批杰出的艺术家。元代统治者信奉传统的萨蛮教，但是，他们并不排斥其他的宗教。因此，佛教、道教特别是佛教中的喇嘛教在元代有较大的发展，基督教、伊斯兰教以及摩尼教、婆罗门教、犹太教也相继在元代传入中国，首先在中国沿海的一些城市传播开来。元代是理学进一步发展的时期。理学家赵复最初在燕京设立了太极书院，专门传播程朱理学。此后，许衡、刘因、吴澄更是元代理学的重要人物。元朝的统治者把理学作为官方的意识形态，从朝廷考试到州县学校的教学，都以程朱所阐发的儒学作为主要内容。朱熹的《四书集注》被称为"圣经章句"。元朝末年，社会矛盾激化，全国各地爆发了反抗元朝的斗争。其中，比较重要的有韩山童和刘福通发动的起义、彭莹玉和徐寿辉发动的起义、方国珍和张士诚发动的起义。曾经作为游方僧的朱元璋也参加到南方红巾军的起义队伍中，并且不断壮大了自己的势力，终于分化瓦解和消灭了其他的起义队伍，于1368年即皇帝位，定都应天府（今江苏南京市），定国号为明。1367年秋，朱元璋派大军北伐。1368年明军进入大都，结束了元朝的统治。

明太祖朱元璋建立了高度集权的政治体制。他撤销中书省，废除丞相，把原来由丞相分管的吏、户、兵、刑、工、礼六部改为皇帝统管，六部尚书直接对皇帝负责。他又对地方的行政管理机构进行改革，极大地加强了皇帝对于地方政权的直接控制。明代的统治者也加强了文化上的专制主义，提倡八股文和程朱理学，并且制造文字狱，杀害无辜的知识分子，禁锢人们的思想。

明代出现了三种值得注意的思潮，即理学思潮、批判理学思潮、心学思潮。

理学思潮。从明朝初期到明朝末年，程朱理学的发展轨迹是两头高，中间低，好像一个马鞍形。明朝从开国到弘治、正德以前 100 多年的时间内，一直是程朱理学占据统治地位。朱元璋制科取士，招致理学人物，对坚守理学师训的刘基、宋濂委以重任。在明成祖朱棣倡导下编纂的《四书大全》、《五经大全》、《性理大全》造成了理学独尊的局面。但是，正德以后，这种局面已无法维持。明代中期，王阳明的心学独占鳌头，程朱理学走向衰微，跌入低谷。到了明代末期，理学又在王学的颓势中逐渐复兴起来。独尊—衰微—回归，这是程朱理学从明初到明末的基本态势。明代末年，程朱理学的回归是与王阳明心学内部的分化同时进行的。一大批原来属于王学系统的思想家，对王学末流的所作所为深感失望。他们重新燃起对朱学的热情，纷纷脱离王学，转向程朱理学。明末东林学派先驱者之一的薛应旗，早年笃信王学，后改宗程朱，提倡"知即为行，事即为学"，表示出与"离行言知，外事言学"的王学末流的不同思想倾向。他重订宋端仪所著《考亭渊源录》24 卷，把朱学看作孔门儒学的正宗。他的学生张淇，早年信奉王阳明的良知之说，后来弃王从朱，认为王学末流"异说横流"，"其害真酷似夷狄禽兽"。他的另一位学生顾宪成，思想转变更为彻底，成了明末程朱理学的著名代表。

批判理学思潮。对理学的批判可以追溯到宋代。南宋思想家陈亮、叶适在王霸和义利等问题上同朱熹等理学家有过争论，批评了某些理学观点。但是，对理学（包括心学）的批判形成一种社会思潮则是从明代中期开始的。它的基本内容有两项：一是方向问题，即坚持朴素唯物主义的观点或其他有助于人们正确认识世界的观点，同理学所包含的错误观点明显区别开来；二是态度问题，即对理学所包含的某些错误采取揭露、批判和分析的态度。只要能够做到这两点，不管批判者来自何种学派，不管他同理学有过何种关系，都属于批判理学思潮这个范畴之中。所以，批判理学的思潮实质上是在当时的历史条件下正确思想对错误思想的斗争。在明代，参加这种斗争的哲学家有罗钦顺、王廷相、吴廷翰、吕坤等人。其中，王廷相的贡献尤为突出。王廷相（1474～1544年），河南仪封人（今兰考县人）。他是一位富有批判精神的思想家。老庄思想、佛教思想、迷信思想以及阴阳灾异思想等等都成了他批判的对象。但是，他批判的锋芒主要是对准了以程朱为代表的理学。他对理学的批判，旗帜鲜明、重点突出，反映了理学发展中的深刻矛盾和明代思想的若干状况。他提出气本论，与程朱理学的理本论区别开来。王廷相哲学中的"气"具有深刻的唯物主义内涵，认为"气为物始"，"天地未判之前只有一气而已"。这种气是客观存在的物质，是构成世界万物的本原，它的存在是永恒的、绝对的，只有聚与散的形态变化，不会出现本体意义上的有与无的区别，这些就是王廷相气本论的主要之点。王廷相正是用这种本质上属于唯物主义的气本论，有力地驳斥了程朱理学的基本论点，如理为太极论、理生气论、理不朽论、理一分殊论。

心学思潮。明代是心学发展的重要时期，也是心学一度占统治地位的时期。明代初期虽然以程朱理学为主，但心学的倾向已露其端倪。明初朱学崇仁学派的开创者吴与弼（1391～1469 年）兼采朱熹理学与陆九渊心学之长，重视本心，强调静观涵养，主张通过"洗心"以去人欲而存天理，他的心学思想成了后来王阳明心学的先导。他的门人陈献章（1428～1500 年）承其余绪，建立了心学的思想体系，认为"心"是比"道"或"理"更为根本的东西，无论"道"、"理"或天地万物都是心的派生物，断言"君子一心，万理完具；事物虽多，莫非在我"，天地之大，万物之富，完全"具于一心"。他进一步提出"天地我立，万化我出，而宇宙在我"的命题，把"为学当求诸心"作为"心学法门"。吴与弼的另一门人胡居仁（1434～1484 年）在坚持理为太极的同时，坚持心即理的心学观点，断言"心与理一"。他提出心与理不相离的观点，认为心之所以成为善心就因为有理，理之所以能够存在就因为有心，指出"所以为是心者理也，所以具是理者心也，故理是处心即安，心丰处理即在"。他又坚持理在心中而不在心外的心学观点，断言"理具于心"，"心存万理"。在明代的心学思潮中，李贽（1527～1602 年）也是一位很有影响的人物。他提出著名的"童心说"，认为童心就是"最初一念的本心"，其最大特点是真而非假，因此，童心就是真心，指出"失却童心，便失却真心；失却真心，便失却真人"。童心说的基本精神就是去假而存真，即反对假人、假事、假言、假文以及"满场是假"的风气，矛头直指儒家的六经及孔孟之学，认为这些道理未必出于圣人之口，足以蔽障童心，徒增伪饰。这样发而为言语政事与文辞，必然都是虚伪，不可能有真正的价值。所以，从哲学上看，童心说虽然属于心学的范畴，但是从社会作用而言，它在当时是反对封建传统观念的一种思想武器，在政治与文学等领域都有较大的影响。李贽的童心说是对王阳明心学的继承和发挥。王阳明心学是明代中后期影响最大的一种学说，它简称王学或阳明学，在明代中后期有如异军突起，风行了 100 多年。

 ## 王阳明的心学

王阳明（1472～1529 年），名守仁，字伯安，浙江省余姚人。因筑室阳明洞，故世称阳明先生。他 27 岁时通过了朝廷最高一级考试，进入政界。当时明武宗即位不久，大权落在宦官刘瑾手里。刘瑾把持了要害部门，为所欲为，随意迫害正直的官员，制造了无数冤案。王阳明上书皇帝，反对宦官的迫害行为。刘瑾怀恨在心，下令将王阳明拘捕下狱，廷杖四十。不久，王阳明被流放到贵州省修文县的龙场驿。他在 1509 年底遇赦，先后担任过地方和朝廷的官职。由于他率兵平定了朱宸（音 chén）濠阴谋推翻朝廷的叛乱而立了大功，被封为伯爵，后又追封为侯爵。

"心"是王学的基本概念。"心"具有多层次的含义。它的最低层次是知觉，王阳明认为凡有知觉的地方就是心。他所说的知觉实际上是感觉。但是，它的心学并没有停留在这个意义上，它认为心的更高层次是伦理道德规范。心在本质上是无私的。它充满恻隐之心和不可胜用的仁德，因此，心是伦理道德的最高体现。不过，王阳明的心学也没有停留在伦理道德的层次上，它认为心的最高层次是包容万物和产生万物的本体。作为本体的心可以脱离一切外物而独立，一切外物却不能脱离心而独立。心具有无限性，心本身就是无限。"人心是天渊。心之本体无所不该"，"心之理无穷尽，原是一个渊"。人心只要去掉私欲障蔽，见其本体，也就成了无限的天渊。这种作为本体的心已经从动的领域超脱出来，处于完全静止的状态，因此王阳明说："心之本体，原自不动。"

在王阳明的心学中，心的最低层次是感觉；心的较高层次是伦理；心的最高层次是本体。从现象的层次上看，心是运动的，是与有限的物质相联系的；从本体的层次上看，心是静止的、无限的。心的多层次性是王学的重要特色。王学主张由最低的感觉层次进到理性层次，再由理性层次进到本体层次。在本体层次上，心不但获得了无限广大的包容性，而且不再被物欲所牵动，处在持久的静态之中。实际上，这是心的最完善圆满的状态。由此可以看出，王学是研究人自身完善的理论。它劝人不要在心外的事物上耗费自己的精力，而必须集中力量去调整和完善自己的内心世界。在这种思想的基础上，它提出了"心外无物"、"心外无理"、"心外无学"的原则。这里需要提及王阳明论证这个原则的有趣事例。在一个春光明媚的日子里，王阳明与友人一同到离家不远的南镇游玩。一位朋友指着山中的花树问王阳明：你经常说天下无心外之物，可是这些花树在深山中自开自落，与我的心究竟有何干？王阳明回答说：你没有看到这些花时，这些花和你的心都不存在；你来看这些花时，这些花才一下子明白地呈现出来，由此就可以断定这些花只在你的心里而不在你的心外。他采用的方法是以个人的观感来论定外界事物的有无，即你未看到这些花时根本没有花，你来看这些花时花才出现。就是说，没有你的主观感觉，外界事物也就不存在。这与英国哲学家贝克莱的"存在就是被感知"的观点颇为相似。

良知学说是王阳明哲学体系的核心。王阳明晚年集中精力，专门阐述良知学说。"良知"的概念是由战国时期的大思想家孟子提出的。孟子认为，每个人先天具备善良的道德意识，这就是良知。王阳明虽然继承了孟子的观点，但是良知学说却是通过他切身体验创造出来的。他由格身外之物转到对内心的探索，最终以良知作为归宿。良知学说的提出，标志着王阳明心学的最终完成。总的说来，"心"与"良知"、心之本体与心之良知，都是一致的，可以互相重合。纯粹至善的心之本体就是良知。尽管如此，王阳明晚年往往单提良知。在他看来，良知的概念显然优于心或心之本体的概念。他把良知置于造物主的位置上，认为"良知是造化的精灵"，能够"生天生地"，创造出万事万物。作为造物主的良知是一种主观精神，即所谓"我的灵明"。王阳明说，良知"是天地鬼神的主宰"。

天没有"我的灵明"，就没有谁去仰它的高；地没有
"我的灵明"，就没有谁去俯它的深。他的结论是："天
地鬼神万物，离却我的灵明，便没有天地鬼神万物
了。"在他看来，天地万物没有"我的灵明"就不可能
存在。他对良知和"我的灵明"的强调，使他在哲学
上与贝克莱明显地区别开来。他虽然认为存在离不开
感知，却把主观精神（良知或"我的灵明"）作为最
高的存在或本体的存在。

　　王阳明是知行合一论的倡导者。他的知行合一论
的最大特点是把认识问题局限于伦理道德范畴上，强
调对封建伦理道德的体认和践履。但是，他的知行合
一论也包含着若干合理的思想因素。王阳明了解人类
行为的基本特点，认为人类行为自始至终是有意识有
目的的，指出"行"不离"知"，"知"贯穿于"行"
的全过程，"知是行之始，行是知之成"。这种观点从
知行关系上进一步划清了人与动物之间的界限。王阳
明肯定"知"与"行"是互相促进的关系，指出"知
是行的主意，行是知的工夫"，认为行为之所以具有确
定的方向和目标，就因为有"知"作指导。没有
"知"作为"行"的主意，"行"就是盲目的。盲目的
行动不可能获得预期的效果；另一方面，"知"也必须
依靠"行"去校正和落实，否则就可能流于空泛，不
可能发生实际作用。这种知行互相促进的观点既反对
盲目性，又反对空泛无实，其着眼点在于提高知与行
的实际效果。王阳明特别强调真知离不开行，指出
"真知即所以为行，不行不足谓之知"。他认为凡是真

知都可以付诸实行，凡是不能实行的都算不上真知。他要求人们把已经掌握的知识都通过自己的行动表现出来，指出"未有知而不行者，知而不行，只是未知"。他进一步强调亲身实践是获得真知的途径。他说："哑子吃苦瓜，与你说不得；你要知此苦，还须你自吃。"哑子由于语言上的障碍，不能把吃苦瓜的感受告诉别人。其实，这个道理对于一般人同样适用。因此，王阳明又说："譬之饮食，其味之美恶，食者当自知之，非人之能以其美恶告之也。"他意在说明真知从亲身实践中来。亲身实践是任何人都无法替代的。

王阳明提倡自觉、自主和自得。他说："夫学贵得之心，求之于心而非也，虽其言之出于孔子，不敢以为是也，而况其未及孔子者乎？求之于心而是也，虽其言出于庸常，不敢以为非也，而况其出于孔子者乎？"他主张不从形式上看问题而从实质上看问题。就是说，不管某种言论是出自孔子那样的大权威还是出自普通人，只要说得对就接受，说错了就拒绝。对与错都通过自己的头脑去作判断。实际上，这种"学贵得之心"的观点，是当时社会条件下的一种思想解放。这种思想解放的内容之一是尊重个人自己的心得和见解，不人云亦云，不随波逐流，更反对盲从与迷信。

但是，王学对个人自觉、自主和自得的提倡，并不归结为个人的放任。它要求处理好个人和社会的关系，要求个人的自觉、自主和自得要建立在事实的基础上。王阳明说，医生必须根据病情辨证施治，不能把个人的主观设想强加于病人。同样，个人的自觉、自主和自得并非要别人服从某个人的主观随意性，而必须同公道、公言相一致。就是说，个人的自觉、自主和自得是发展公道、公言的途径，而不是个人营私网利的道路。王阳明说："夫道，天下之公道也；学，天下之公学也，非朱子可得而私也，非孔子可得而私也。天下之公也，公言之而已矣。"他认为，任何人的学问与见解都不是终极的真理或不可动摇的定论，必须站在"天下之公"的立场去评判。更重要的是，个人的自觉、自主和自得，应当朝着公道、公学和公言的方向发展，因为个人的本事再大，也不能把道与学据为己有。

3 心学的若干学派

王阳明的心学能够比较好地满足明代中后期社会的需要，这是它处于优势地位的主要原因。阳明一生讲学，弟子众多。转相传授，扩大了王学的影响。此外，阳明是当时的功臣，他的政治地位和社会地位也有力地加强了王学的影响。他平日的言论被弟子们记录下来，定名为《传习录》，于正德十三年（1518年）和嘉靖三年（1524年）分别在江西和浙江刊行。他被许多人尊崇为导师。这些事实说明，阳明在世时，他的学说已大行于世。

阳明死后，他的学说在大江南北拥有大批信奉者。这些信奉者在致良知的宗旨下，对王学作了发挥和解释，形成了王学的不同学派。据明末清初著名学者黄宗羲的研究，活跃在明代学术领域的王学主要有：浙中王学、江右王学、南中王学、楚中王学、北方王学、粤闽王学，可称之为王学六派。

浙中王学是浙江地区的王学学派。它的代表人物是阳明最亲密的学生，如徐爱、黄绾、钱德洪、王畿（音jī）等人。他们对王学的传播与发展作出了特殊贡献。这主要表现在两个方面：一是收集整理了阳明的言论和著作，出版了阳明的传记资料。阳明生前对刊刻自己的著作采取十分谨慎的态度，主张志在明道，不要用繁文去眩惑人们的耳目。因此，当学生请求刊刻他的文稿时，他或者表示拒绝，或者只同意刊刻数篇。阳明去世以后，浙中王学的传人在办理阳明的丧事时，开始向各方面征集阳明的遗言遗著，后来又派人到阳明活动过的江西、两湖、两广及南京等地广泛收集有关资料。经过多年努力，终于编成了较完备的《王文成公全书》38卷。以上著作保存了有关阳明生平和思想的基本资料。二是为阳明洗冤请功。阳明生前曾多次蒙冤，连平定朱宸濠一事也受到朝廷的猜忌诋毁。他去世以后，在继续受到诋毁的同时，还被剥夺爵位世袭等权利。浙中王学的传人不畏权势，为阳明洗冤请功做了大量工作。如陆原静的《辨忠谗以定国是疏》、黄绾的《明军功以励忠勤疏》等，澄清了许多事实，对流言飞语进行了有力的驳斥。经过几代人的努力，终于尘埃落定，为阳明恢复了名誉。以上两件事直接关系到王学的发展和传播。

至于浙中王学的思想倾向，其实并不完全一致。

虽然都讲良知，但对良知的解说各色各样。钱德洪认为良知是戒惧，王畿认为良知是性之灵根，黄绾则由信奉良知学说到批判良知学说，前后思想的变化非常明显。

江右王学是江西地区的王学学派，代表人物有邹守益、欧阳德、聂豹等人。这些人是阳明在江西讲学时的学生。其中，有的人还随阳明到浙江绍兴继续求学，与阳明的关系相当密切。比如，邹守益在江西时协助阳明平定朱宸濠的叛乱活动。黄宗羲在《明儒学案》中说，只有江西王学真正得到了阳明学说的真传。不过，江西王学在发挥阳明心学的过程中，侧重点也很不相同。邹守益强调"敬"，认为心的主宰就是"敬"，没有"敬"就不会有心的主宰作用，断言"圣门要旨，只在修己以敬"。他进一步把"敬"看作良知的精髓，认为"敬"是良知的精明处，只有"敬"才使良知纯粹，不掺杂任何私欲。邹守益的这些说法，实际上把"敬"置于良知之上，认为应该以"敬"为中心去规范人们的思想和行动，这与阳明的良知学说存在着明显的区别。江西王学并不一般地把"心"看作无限广大的本体，而是把"心"看作知觉的运动。因此，他们也不一般地坚持阳明的"心外无物"的思想，而是用知觉复合论来解释万物的形成。比如，欧阳德认为事物就是知觉。人的视、听、言、动、喜、怒、哀、乐就是事物的源泉。鸢的飞翔，鱼的跳跃，以至山川的流峙，草木的生化，都是人的视听言动、喜怒哀乐的表现。欧阳德用视听言动之外无物的思想代替阳明的"心外无物"的思想。聂豹提出"寂体论",认为与见闻绝缘的寂体是万物生成变化的根源。寂体与阳明的良知相同的地方,在于两者都作为万物的本原而存在,不同的地方在于良知就是本心,良知存在于心中,而寂体并非本心,它是先天存在的东西。聂豹在《困辨录》中说:"寂然不动,中涵太虚,先天也。"从总的方面看,江西王学对阳明的学说是忠实的,但这个学派对王学所作的阐述却具有鲜明的个性。

南中王学是江苏、安徽地区的王学学派。其代表人物黄勉之、周道通、朱得之都是阳明的学生。此外,薛甲等人虽未亲自从学于阳明,但笃信陆九渊和王阳明的学说。南中王学坚持阳明的"存心"与知耻等观点,却不固守门户之见,表现出调和朱熹理学与陆九渊心学的倾向。周道通对朱、陆之争已不感兴趣,认为学者不卷入朱、陆之争,也会有所收获。他说:"正学不明已久,不须枉费心力,为朱陆争是非。若其人果能立志,决意要如此学,已自大段明白了。朱陆虽不辨,彼自能觉得。"薛甲进一步提出朱陆合一的命题,认为陆、王心学与朱熹理学都可以在心学的基础上统一起来。南中王学还表现出用道家学说以修正阳明学说的倾向。比如,《参玄三语》的作者朱得之认为,阳明的格物之学因未脱离见闻而产生的弊端,"不若尽涤旧闻,空洞其中,听其有触而觉,如此得者尤为真实"。他主张由阳明的格物之学而转向道家的清虚无为。

楚中王学是湖南、湖北地区的王学学派。其代表人物蒋信、冀元亨都是湖南常德人。在阳明贬谪贵州龙场驿以后，他们前往求学。他们坚持阳明心学的基本观点，认为心纯粹至善，无知而无不知，无为而无不为，不应当在心之外去求得知识。但是，楚中王学把气学的观点引进心学。蒋信认为心就是气，心与气互相贯通，心的虚灵知觉是最精微的气所表现的功能。他进一步用气本论代替心本论，指出凡言命、言道、言诚、言太极、言仁，都是指气，断言"宇宙浑是一块气"。这种气本论的观点是与心本论对立的。从感情上说，以蒋信、冀元亨为代表的楚中王学成员与阳明是非常亲近的，但这种情况并不排除两者在学术观点上的重大差异。

北方王学是山东、河南、陕西地区的王学学派。其代表人物穆孔晖和南大吉是阳明的学生。穆孔晖在阳明主持山东乡试时以优异的成绩被列为第一名。他先是潜心钻研理学，后转变为传播阳明心学。但是，他提倡心空论，认为心应事物，而事物不着于心，心自来自去，随应随寂，如鸟过天空，天空与鸟的身躯互不妨碍，也互不相干。这种心空论明显地属于佛教思想，而与阳明的心学很不相同。南大吉是陕西渭南人，他在任绍兴知府期间，一方面为阳明讲学和王学的传播提供了一些便利条件；另一方面又从学阳明，相信各个心中自有圣贤，不必他求。他与阳明过从甚密，曾反复向阳明请教。他回陕西以后，创办书院，传播王学。他在《示门人诗》中对阳明及其学说给予了很高的评价："昔我在英龄，驾车词赋场。朝夕工步骤，追踪班与扬。中岁遇达人，授我大道方。归来三秦地，坠绪何茫茫。前访周公迹，后窃横渠芳。愿言偕数子，教学此相将。"意思是说，在青少年时期，他醉心于词赋，学习汉代著名词赋家班固与扬雄的写作技巧。到了中年，因遇到阳明这样的达人才走上了正道。不过，北方王学力量较弱，大部分王学传人属于阳明的再传弟子。

粤闽王学是广东、福建地区的王学学派。这个学派在福建的成员有马子莘、陈国英等人。他们受业于阳明，并与阳明有书信往来，重点是讨论有关良知的各种问题。在粤闽王学中，以广东地区的王学最为兴盛。一是受业的时间早，在阳明从贵州贬所复出后不久，广东的方叔贤即及门受业，并与阳明有书信往来。二是从学者甚众，阳明在江西任职时，一大批广东籍学生慕名而至，向阳明问学。薛侃、薛尚谦、梁日孚以及杨士德、杨仕鸣是其中比较有名的人物。据《明儒学案》卷三十记载，广东王学力图划清阳明学与佛教之间的界限，并在这方面做了大量工作，认为"离乎人伦物理而虚无者，二氏之谬也；不离人伦日用而虚无者，吾儒之学也"，主要以是否离开人伦物理作为区分儒、佛的标准。

从以上6个王学学派的情况来看，王学以浙江为中心向周围地区辐射，王学的传人遍及大江南北，其影响扩展到了全国各地。在明代中后期，王学取代朱熹理学，占据了统治地位。但是，王学的发展本身就是王学的分化。钱德洪在《大学问》的跋文中说，阳

明死后，"吾党各以己见立说。学者稍见本体，即好为
径超顿悟之说，无复有省身克己之功。谓一见本体，
超圣可以跂足，视师门诚意格物、为善去恶之旨，皆
相鄙以为第一义，简略事为，言行无顾，甚者荡灭礼
教，犹自以为得圣门之最上乘。噫，亦已过矣。"这种
"各以己见立说"的情况，在各个王学学派中是普遍存
在的现象。

七　清代哲学

　明清之际的社会思潮和乾嘉汉学

明末清初，习惯上又称明清之际，是指中国的 17 世纪，也就是从明万历三十年（1602 年）到清康熙四十年（1701 年）这 100 年的时间。这个时期，具有中国前所未有的许多新特点。

首先，是工商业得到发展，出现了资本主义经济的萌芽。明代中叶以后，传统的自给自足的自然经济结构开始发生变化，手工业和农业开始分离，形成了城市的手工业作坊和手工业工场。这种手工业作坊和手工业工场主要集中在丝织业、棉纺业、陶瓷业、冶铁业、制茶业和制盐业等行业中。以丝织业为例，苏州、杭州、湖州、常州、松江一带成了中国丝织业的中心地区。明成化年间，个人开设的丝织业作坊拥有绌（音 chóu）机 20 余张，积累资本达数万金。嘉靖年间，个人拥有绌机多到三四十张。与此同时，工人的数量也迅速增加。明末清初，江西景德镇已发展成方圆 13 里、住户超过 10 万家的制瓷专业城市。在苏州，仅染工、织工就有 1 万人。随着工商业的发展，市民形成一种力量，市民的主要成分是城市手工业工人，还包括商人和一部分城市知识分子。市民意识对封建礼教有相当大的冲击作用。

其次，是社会危机空前严重。明代末年，宦官专权，把持朝政。比如，天启年间的宦官魏忠贤总揽朝廷内外的一切大权，他封为上公，手下的爪牙有五虎、五彪、十狗、十孩儿、四十孙等名号。自内阁六部到全国各地的总督、巡抚，都有他的死党。凡属他所怨恨的人，不管地位多高都不免削籍充军，或死于非命。政治上的黑暗是同经济上的压榨紧密结合的。明代中叶以后，全国大片土地变成了皇庄或王府、勋戚的庄田。名目繁多的苛捐杂税如矿税、辽饷等等使千家万户削身无余。政治上的压迫与经济上的剥削，使各种民变、暴动此起彼伏。最后，爆发了高迎祥、张献忠领导的全国性农民起义。李自成的队伍于 1644 年攻占北京。明朝灭亡不久，清兵入关。关内民众特别是江南数省的民众开展了可歌可泣的抗清斗争。清政府对汉族的知识分子采取怀柔与镇压相结合的政策，一方面开设博学鸿词科，招致名士，授以翰林官职；另一方面实行思想钳制。在康熙、雍正、乾隆时期，文字狱屡兴，一案株连数百人。

再次，是纷纷组织社团。明末清初是学者开始有组织地进行活动的时期。严重的社会危机使学者的结社成为必要；工商业的发展，为学者的结社提供了方便的条件。明代的结社，始于嘉靖，到崇祯初年而大盛。崇祯初年，吴江有复社，云间（原江苏省松江县，今属上海市）有几社，浙西有闻社，江西有则社，武林有读书社，山东有朋大社。此外，两湖、岭南及长江以北等地区都有各种名目的结社。其中，以复社的规模为最大，入社者达 2025 人。复社在崇祯初年举行过 3 次大会。其中，崇祯五年（1632 年）举行的虎丘大会，更是盛况空前。会前传单四出，开会的当天，乘船或坐车从山东、江西、山西、湖南、湖北、福建、浙江赶来赴会的达到数千人。大雄宝殿容纳不下，生公台、千人石等处都坐得满满的，往来的人不断。明朝末年的某些社团具有浓厚的政治色彩。它们揭露社会的黑暗面，抨击倒行逆施，同阉党进行坚决的斗争。在清兵入关以后，它们成了反抗满洲贵族统治的工具。

明末清初，国家多故，民族多难。严重复杂的形势，艰苦曲折的斗争，铸造了一代人的性格和气质，其主要表现为重气节、重操守、重友谊。

重气节。"节之奇，死之烈，忠到足色，方于理学无憾。"这段话是明末清初许多学者的共同心声。当时，许多学者在同宦官阉党的斗争中坚贞不屈，在反对满洲贵族的民族压迫中视死如归。左光斗被打入死牢，受到炮烙之刑，面额焦烂不可辨，左膝以下筋骨尽脱。他的学生史可法买通狱卒前去探视，抱住左光斗的双膝放声大哭。左光斗听出是谁来了，但眼睛睁不开。他使劲用手指拨开双眼，目光如炬，怒斥史可法，说他不应冒着生命危险来探监。后来，史可法常常流着眼泪对人说："吾师肝肺，皆铁石所铸造也。"

左光斗坚贞不屈，他不要人们同情他个人的苦难，而要人们担当起复兴国家的责任，可谓铁骨铮铮。其他如在抗清斗争中与扬州共存亡的史可法、做过山海关守将并与全家20余口人以身殉国的孙承宗都表现了凛然大节。

重操守。明末清初，社会秩序混乱，贪污成风，贿赂公行。即使在这种情况下，还有一些学者或在官场出污泥而不染，或退处林下而一介不取。在崇祯朝任工部左侍郎的刘宗周，以清正廉洁著称，"受任以来，蔬食不饱，终宵不寝，图报国恩"。王船山的父亲王朝聘在明朝天启年间两中副榜，本来有机会做官，但因抵制当权者以贿赂取士的行径，便碎牒而归。他严于取与，即使是朋友之间笺扇之类的馈赠，也坚决拒绝。重廉耻和操守是他家不可动摇的传统。清初关中大儒李颙坚决拒绝清政府的征召，也坚决拒绝一般朋友的馈赠，连朋友送的一点糯米也不肯接受。

重友谊。明末清初的学者为了抗击宦官阉党和入关的清兵，感到需要积蓄力量。他们除了结社以外，还通过各种形式广交朋友。当时，择友与订交之风相当普遍，重友谊和为友人赴急难的精神非常突出。复社成员张天如说："忘其身，惟取友是亟；义不辞难，而千里必应。"以魏禧为首的江西易堂学派更以重视择友与订交著称于当时。魏禧曾游历大江南北，足迹几遍天下。所到之处，广交朋友。易堂学派的成员彭士望"生平嗜朋友，海内宿望，结纳殆遍"。他认为，结交朋友的多少是衡量一个人品行好坏的标志；而朋友的好坏则关系到天下的安危和世道的污隆。在明末清初的学者中，为朋友而赴急难的动人事迹特别多。比如，明朝天启年间，范阳学者孙奇逢、鹿太公、张果中3人全力营救被宦官魏忠贤陷害的左光斗、魏大中、周顺昌。他们建旗击鼓，联络亲友，捐献金钱，虽犯危赴难，义无反顾，被民众尊称为"范阳三烈士"。

明末清初是中国学术思想发展的重要时期。当时，著作如林，思想活跃，各种社会思潮互相激荡。其中，理学的思潮、批判理学的思潮和心学的思潮从明代的初期和中期发展而来，并表现出新的特点。当时，人才辈出，如同灿烂的繁星。其中，黄宗羲、顾炎武、王船山、颜元和戴震更是具有代表性的思想家。

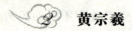

黄宗羲

黄宗羲（1610～1695年），字太冲，名梨洲，号南雷，浙江省余姚县人。早年起兵浙东，抗击清军。他博览群书，在政治、史学、哲学、数学、天文、历法等领域，都有很深的造诣，其中尤以政治思想上的贡献最突出。

黄宗羲作为明末清初的伟大思想家，在思想理论上的重大建树之一在于对君主制进行了深刻的批判，提出了关于君臣的新理论。他通过对历史的深入研究和对现实的深刻观察，用极清醒的态度对君主制进行再认识，在很大程度上揭示了君主的真面目。他指出，在夏、商、周三代以后的两千多年的时间中，君主全面变质。

首先，君主行为的目的发生了质变。黄宗羲说，三代以前的君主行为的目的在于为民兴利除害，三代以后的君主则恰恰相反，以手中掌握的大权作为谋取私利的手段："以为天下利害之权皆出于我，我以天下之利尽归于己，以天下之害尽归于人，亦无不可"。君主把他统治下的整个国家作为他个人的私产，他"视天下为莫大之产业，传之子孙，受享无穷"。黄宗羲对君主制的批判之所以深刻有力，一个重要原因在于他始终抓住利益问题，指出君主无论在夺取君位以前还是在夺取君位以后，都是为自己及其子孙谋取私利而不顾及民众的死活。他揭露了君与民在利益上的尖锐对立，实际上认为君主是人民的公敌。

其次，君主的地位发生了质变。黄宗羲说，古代以天下为主，以君为客，君主辛劳一辈子，都是为天下人打算。当今之世则以君为主，天下为客，"凡天下之无地而得安宁者，为君也"。他提出的"天下"的概念以及"主"、"客"的概念，在他的君臣理论中具有重要意义，即冲破了"朕即天下"的传统观念，把"天下"同君主分离开来，认为没有君主，天下的民众会好得多。黄宗羲提出"天下为主，君为客"的重要命题，是传统帝王观念的一次根本性转变。

再次，君臣关系发生了质变。黄宗羲说：古之为臣者"为天下，非为君也；为万民，非为一姓也"；后世的人臣完全按照君主的意志，亦步亦趋，人臣成为君的仆妾。他强调指出，君臣关系的基础是为天下人谋利益，"以天下万民为事"。人臣如果不顾万民忧乐，只为人君夺取或巩固其最高权力，只为一姓的兴亡竭尽全力以至牺牲自己的性命，那是违背臣道的；相反，人臣如果为"万民之忧乐"出力，救民众出水火，即使不把君主个人的权力和一姓之兴亡放在心上，那也是符合臣道的。黄宗羲以何种态度对待"万民之忧乐"作为臣道的基本内容，这是臣道的一个重大转变。为了改变人臣为人君仆妾的状况，黄宗羲从理论上阐明了君臣关系的本质在于平等性和互助性，指出"臣之与君，名异而实同"。他认为，君与臣有共同治理天下的任务和目标，他们就像共同搬运一根大木头，一齐喊着号子，协同前进。从这个意义上说，君与臣既是平等的，又是互助的，君臣都应为天下人办事。在这个前提下，臣是君的师友而不是君的仆妾。黄宗羲从为天下人办事的基本目标出发，对君臣关系所作的论证，进一步改变了传统的君主形象，限制了君主的权力，甚至深刻地影响到君主制的内在机制。

最后，民众对君主的态度发生了质变。黄宗羲说：古代全天下的人都爱戴君主，"今也天下之人怨恶其君，视之如寇仇，名之为独夫，固其所也"。他敢于揭破当时为帝王歌功颂德、山呼万岁的假象，指出天下之人与君为仇才是事情的本质。他珍视天下之人仇视君主的感情，反对"小儒"鼓吹的以盲目尊君为内容的所谓"君臣之义"。他认为像夏桀、商纣这样残害民众的暴君应当杀掉。他把天下民众及其利益作为标尺去衡量君主制。掌握好这个标尺，就不会盲目尊君或

"独私其一人一姓"。

　　黄宗羲用古代的君主与后代的君主相对照的方式对君主制进行批判。他设想古代的君主为民兴利除害，处于为客的次要地位，与臣平等协和，因而得到天下民众的爱戴。事实上，古代并没有这样理想的君主。黄宗羲把古代的君主理想化，既不是为了复古，也不是为了美化君主制，而是要把古代理想的君主作为箭杆，去弹射后世的暴君。他还给后世的君主作出了基本的结论："为天下之大害者，君而已矣！"这是中国历史上前所未有的新结论和新发现，是结束君主制、呼唤新时代的第一声呐喊。

　　黄宗羲在批判君主制的过程中，提出了一系列革新主张。其中主要有：加强以宰相为首的内阁职权、公其是非于学校、改革法制。

　　关于加强以宰相为首的内阁职权问题，黄宗羲是把它放在分官治国、防止君主独裁的高度上来考虑的。他认为，天下不能由君主一个人治理，必须分官而治，所设的各种官吏，实际上分担了君权的某一部分。君主的职位不应该凌驾于一切官职之上，而应该列于卿、大夫、士之间。在他看来，君位与相位并没有实质性的区别。当君主在位时，他应与宰相共治，不能独裁；当君主死后，应由宰相摄政，不能由母后专权。即使在君位传子不传贤的情况下，有了精明能干的宰相辅政，仍然可使政事走上正轨，补救缺失。黄宗羲把内阁会议看作最高决策机关，重大问题由内阁会议决定。另外，关于重大问题的批件，由天子与宰相共同商议，决定可否。这样做，一方面限制了君主的权力，给君主独裁设置了很多障碍；另一方面把天子作为内阁会议的成员，使天子直接与内阁见面，撤销了宦官这一天子与内阁之间的中间环节，防止宦官专权。黄宗羲还主张，在宰相领导下设立议事堂作为内阁的办事机构，便于上情下达，下情上达。

关于公其是非于学校，这是在更深层次上革新政治的主张。这种主张的出发点在于改变全国上下完全按照君主的意志亦步亦趋的状况。黄宗羲认为，改变这种状况的有效方法，是把各级学校由单纯培养人才的机构变成一个有权威的机构，能够对国家政治生活中的重大是非问题作出决断和结论。他说："天子之所是未必是，天子之所非未必非，天子亦遂不敢自为非是，而公其非是于学校。是故养士为学校之一事，而学校不仅为养士而设也。"他主张治理天下的大政方针都必须经过学校认可，即所谓"使治天下之具皆出于学校"。他还主张充分发挥学校对政府的监督作用。黄宗羲赋予学校以评论政治得失、监督政府工作和审议国家大政方针等职能。这样的学校，实际上是西方议会的雏形。

关于改革法制的问题，黄宗羲首先提出"天下之法"与"一家之法"的概念，认为"天下之法"以保障天下民众安居乐业为目标，"一家之法"则保障君主及其子孙的私利。黄宗羲认为，在君主制下，为着帝王一家一姓的私利而制定的"一家之法"必须抛弃，而代之以保证民众安居乐业的"天下之法"。这是黄宗羲革新法制的基本内容。

黄宗羲关于政治上革新的主张还可以举出一些。但仅从上述三方面来看，他的革新主张旨在加强相权，限制君权，发挥内阁会议的决策作用，赋予学校以监督政府的作用以及加强法制建设等等。集中到一点，就是结束君主个人独裁体制，向着君主立宪的方向转变。虽然黄宗羲的这些主张在当时没有甚至不可能实现，但是这些主张的重大进步意义却是值得充分肯定的。

3 顾炎武

顾炎武（1613～1682 年），名绛，字宁人，号亭林，江苏昆山县人。早年参加武装抗清活动。顺治十四年（1657 年）弃家北游。他是明末清初走出书斋，深入社会，把学术研究同社会实际结合的学者之一。在长达 20 多年的时间内，他对北方地区作了广泛的社会考察。其中，一个重要的学术活动是考古和发掘历史文物。他通过实地考察，得到了许多书本上学不到的知识，纠正了许多史书的错误。

顾炎武抱着经世致用的明确目的，认真探索"国家治乱之源，生民根本之计"。他对当时的严重的社会弊端作了揭露，提出了不少兴利除弊的革新思想。他的革新思想是古代仁政思想的继续和发展。"不仁而得天下，未之有也"，是顾炎武反复阐发的一个论点。顾炎武主张对民众施仁政，这首先表现在限制君权上。

他对君主制的起源作了多方面的考察，认为君主并非从来都是至高无上的，君主应当耐大劳，做最卑贱的工作，从殷王小乙、王子武丁、周朝的后妃到周公旦，他们或者勤劳于外，懂得民众的艰苦；或者穿自己洗的衣服，从事繁重的家务劳动；或者致力于解决农夫女工的衣食问题。因此，"享天下之大福者，必先天下之大劳；宅天下之至贵者，必执天下之至贱"。顾炎武在揭露了君主制的弊端以后，认为君主应为民众办事，"不敢肆于民上以自尊"，"不敢厚取于民以自奉"。他提出"众治"以反对君主个人独裁的主张："人君之于天下，不能以独治也；独治之而刑繁矣，众治之而刑措矣。"他进一步提出"以天下之权寄之天下之人"的主张，使"众治"的内容更加具体化。他认为古代理想的社会政治权力是"天下之权"，应该由"天下之人"分享。所谓"天下之人"，是指公卿大夫和郡县的官吏。这些人"分天子之权以各治其事"。顾炎武明确肯定"众治"和分权的必要性而反对君主个人独裁。

顾炎武主张对民众施仁政，还表现在其他方面，如：实行地方自治以保证民众安居乐业；通过减轻租税而救民出水火；通过革新用人制度，培养对民有用的人才。他重申古代思想家提出的"保民而王，莫之能御"的口号，把保民提到了首要地位。即使他提出的某些革新措施存在着历史局限性，但是，他以保民为重的思想却是值得充分肯定的。

顾炎武的革新思想建立在变的观念上。这种变的观念肯定"天下之变无穷"。因此，革新以适应变化了的形势，是完全不可避免的。顾炎武对这一点作了多方面的论证。

首先，风俗是一直在变的。"观哀平之可以变而为东京，五代之可以变而为宋，则知天下无不可变之风俗也。"考察从西汉哀帝、平帝时的风俗变为东汉时的风俗，就知道一切风俗都是可以变化的。顾炎武从古代风俗的变化得出一切风俗都可以变化的结论，为移风易俗的革新活动提供了事实的根据和理论的根据。

其次，社会制度一直在变。"知封建之所以变而为郡县，则知郡县之弊而将复变"。顾炎武认为，知道为什么从封建制变成郡县制，就可以知道现在郡县制的弊端也是要革除的。

再次，文学作品也一直在变。"诗文之所以代变，有不得不变者。一代之文，沿袭已久，不容人人皆道此语。"顾炎武认为，诗文之所以每个时代都发生变化，就因为其中有不得不变的原因。某一个时代的文学，沿袭已久，不容许人人都去重复它，模仿它。文学作品不断进行着新陈代谢，因而每个时代都不相同。

顾炎武不仅指出社会历史的变化，而且进一步指出这种变化不是任意的，也不是游移不定的。他提出"势"的概念，表示事物在联系和发展中确定不移的趋势和不可避免性。他认为，由夏代万国诸侯林立到后来七雄并峙是一种历史的必然性，"此固其势之所必至"，谁也改变不了。假如秦国不顾这种历史必然性，硬要在战国时期重新把夏代上万的诸侯一一扶植起来，那是完全做不到的。

顾炎武认识到，历史有自身的规律，正是这种规律使历史朝着某个方向发展变化，而不会向别的方向发展变化。他驳斥那种把秦国灭亡的原因单纯归结为没有实行封建制的观点，认为秦国的灭亡有自身的逻辑，而不单纯是由于秦始皇没有封自己的亲属为诸侯王。他指出：“秦之亡，不封建亡，封建亦亡。”根据同样的道理，封建制被郡县制所代替，也是不以任何人的意志为转移的必然过程：“封建之废，固自周衰之日而不自于秦也。封建之废，非一日之故也。虽圣人起，亦将变而为郡县。”

顾炎武肯定社会历史发展变化的必然性，从而肯定了变法革新的必要性和合理性。他说：“法不变，不可以救今已。居不得不变之势，而犹讳其变之实，而姑守其不变之名，必至于大弊。”他认为，当变化的必然趋势已经显露的时候，就不应该去掩盖变化的事实，并拘守现成的早已过时的名法。这种与变化的必然趋势相对抗的行径，一定会导致更加严重的社会弊端。

顾炎武作为明末清初的学术大师，不仅为后人留下了《日知录》、《音学五书》等重要学术著作，而且在学术研究的态度和方法上给后人许多有益的启示。

明末清初，理学（包括心学）的某些流派或空谈心性或堕入禅机，不但与有关国计民生的实际事物相脱离，而且与学术自身发展的规律背道而驰。在这种情况下，顾炎武提出的“理学即经学”的著名论断，为改造理学特别是为理学摆脱禅学的倾向指明了一条出路。按照这个论断，理学必须以儒家的经典作为基础。必须深入研究先秦的儒学典籍，系统研究从汉代到清代的各种儒学著作，然后进行比较取舍。研究的内容，不仅有儒学的源与流，而且有与此相关的各种学问。这样的研究，根本不能用当时理学家背语录、走捷径的那种路数，而要用数十年扎实的工夫。这样，就可以改变当时理学家以语录为基本依据的浅薄作风，从而把理学改造成一种扎实的学问。

同古代许多思想家一样，顾炎武的思想也有其消极的成分。其表现之一，是把强宗大族看作社会力量的重心和立国的基础；表现之二，是极力维护阳尊阴卑的纲常名教，断言"父尊而母卑，夫尊而妇卑，君尊而臣卑，皆顺是而为之也"；表现之三，是颇有天人感应和有神论思想。他认为崇祯之世，17 年发生 8 次日食，日食是灾难的征兆。他还看重天或神的启示对于社会历史变化的作用。但是不管怎样，与顾炎武思想的积极成分相比，它的消极成分是第二位的。

 **王船山**

王船山（1619～1692 年），名夫之，字而农，号姜斋，湖南衡阳人。早年参加抗击清军的斗争，失败后，隐居不出，潜心著述，写出经、史、子、集各类著作百余种。他是博大精深的大哲学家、大思想家。

王船山在哲学上的重要功绩之一是证明世界实而不虚。世界是实还是虚，这是长时期以来哲学家们争论的核心问题。佛教宣扬一切皆空，认为世界是非有非无的幻相。理学或心学与佛教有本质的区别。但是，理学认为世界是由理演化而成的，是理的体现；心学认为世界是由心演化而成的，是心的体现。这两种说法都没有能够坚持世界的实在性。王船山对世界是实还是虚的问题非常重视，他从 4 个方面对这个问题进行了论证。

（1）人们对世界的观察、思考和辨别，就是对世界实在性的证明。王船山说，世界上的事物究竟是怎么来的，也许一下子弄不清楚。但是，就人而言，世界上的四类事物谁也摆脱不了：第一类是大物，你睁开眼睛，启开心智，经常感到的是日月山河一类大的物体；第二类是"固然可辨"之物，即基本上按原样反复出现之物，如水、火、稻、麦等等，人们一见到这些东西就能清楚地辨别出来；第三类事物"时与时遇，若异而实同者也"，就是说，人们看到经常发生变化的事物，比如，蚕变成蛹、蛹变成蛾、蛾产出卵，最后得到蚕蚁，"若异而同"，虽几经变化，但蚕的客观实在性一点也没有变；第四类事物"盈缩有时，人可以与其事而乃得以亲用之者也"，就是说，这类事物的生存发展有比较严格的时间性，比如，蜜桃春夏为盈，秋冬为缩，人们按照这个规律在春夏对桃树进行培育管理，便可以享受到蜜桃的甘甜，"乃得以亲用之"。王船山的结论是："是故寥然虚清，确然凝立，无所不在，迎目而觉，游心而不能越，是天地也。"意即广大无边的极细微的物质（虚清之气也是物质）、人所共见的确定不移的物质，到处都有，看到的无非是

136

它们，想到的也超不出它们，这就是我们生活于其中的真实世界。一句话，世界的实在性就在于它的可感性；反过来说，这种可感性恰恰证明了世界的实在性。王船山在这里是用实践的观点来看待世界的。他认为，人们在实践过程中对世界进行观察和体验，逐渐分辨事物的异同，掌握了事物的规律。但是，所有这一切都是以世界的实在性为前提的。

（2）从万物生生不息证明世界的实在性。王船山说："物情非妄，皆以生征。"这里的"征"，是指验证。王船山认为，事物的实在性，都可以从事物的生成上得到验证。比如，从某种植物的生成上看，在发芽、出蕊、开花、结实等每一环节上都不能离开事物的实在性。没有芽就不会有蕊，没有蕊就不会有花，没有花就不会有果，没有果实所包含的种子就不会有芽。就人而言，感情的实在性虽不像植物这样明显可见，但某些事物的生成，同样证明某种感情的实有："墟墓必哀，琴尊必乐"，坟墓的出现，证明这里曾经有过失去亲人的悲痛；琴和酒杯摆在这里，证明这里曾经有过欢乐。王船山进一步指出："其生而有者，非妄而必真。"既然万物源源不断地生发出来而且确定无疑，也就完全证明世界一点也不虚妄，它的存在是绝对真实的。

（3）从事物之间的相互联系证明世界的实在性。王船山说："物物相依，所依者之足依，无毫发疑似之或欺。"意即每一个事物都和其他事物互相联系、互相依赖，它们能够从互相联系、互相依赖中满足各自的需要，证明这些事物本身是完全实在的，没有一丝一毫虚妄不实的地方。王船山以人的生活为例，描绘了一幅世界互相联系的图画，从而说明世界的实在性：人不能像蚂蚁那样仰行于悬空的枝条，必须依赖土地居住；不能像蚯蚓钻进土壤，必然依赖空间居住；不像蜀山之雪蛆不求暖，必须依赖火才能生活；不像火山之鼠不求润，必须依赖水才能生活。人还要依赖粮食充饥，依赖饮料止渴。而粮食要依赖土地生长，饮料要依赖水生成。粮食作物除依赖土地以外，还要依赖种子；饮料除依赖水以外，还要依赖容器取出来。总之，世界万物，"相待而有，无待而无"，意即互相联系才成为事物，孤立的东西是不可能存在的。王船山进一步对这一点作了阐明："夫可依者有也，至常者生也，皆无妄而不可谓之妄也。"认为事物能够互相依赖的前提就在于它是实有的物质，绝对的永恒不变的现象就只表现为万物生生不息，这些都是千真万确的，而不能说是虚假。王船山从世界的互相联系来证明世界的实在性，这不仅十分深刻有力，而且令人信服地说明世界的本质就在于它的物质性。

（4）从体与用的关系上证明世界的实在性。"体"与"用"是中国传统哲学的一对重要范畴。体是指实体、本质；"用"是指功用、现象。比如，一株桃树，根干是体，花叶是用。在中国哲学史上，不少人采取体与用相割裂的方法来论证世界的虚无。王船山在论证世界的实在性时，一个显著特点是坚持体用统一论。他说："凡言体用，初非二致。有是体则必有是用，有是用必固有是体，是言体而用固在，言用而体固存矣。"以上面举的桃树为例，作为体的根干若健全粗壮，那么作为用的花叶也必然繁茂，反之亦然。从桃树来说，体与用也是统一的。王船山把体用统一称为"体用相函"、"体以致用，用以备体"。一方面由于体用本不可分；另一方面由于体一般地属于事物的深层结构，较难捕捉，而用则一般地属于事物的表层结构或显露的现象，比较容易捕捉。所以，王船山特别强调通过用以求体、通过现象以求本质，最后从总体上证明世界的实在性。他说："天下之用，皆其有者也，吾从其用而知其体之有，岂待疑哉？"意即天下的各种现象（就各种真相而言）都是真实的，我们根据这些真实的现象可以获得事物真实的本质。比如，可以从桃树花叶的枯萎了解根干的病虫害等等。王船山通过由用求体的方法对世界的实在性进行论证，既是机智的，又符合人们认识事物的规律，因为人们认识事物总是从现象到本质，即从用到体逐渐推移的。不过，我们还要注意一点：王船山的体用统一论既肯定"用"（现象）的实在性，又肯定"体"（本体）的实在性。他认为世界的真实本体是物质性的气。他说："阴阳二气充满太虚，此外更无他物，亦无间隙，天之像，地之形，皆其所范围也。散入无形而适得气之体，聚为有形而不失气之常。"他认为整个宇宙充满着气，空间并不空虚，它由气这种极微小的物质所组成。气有聚与散两种形态。聚则成日月星辰、山川草木等各种有形的物体。无形的气的本体是永恒的绝对的，而有形

七 清代哲学

139

的万物则有始有终。万物的死灭意味着气的分解，分解出来的气回到气的本体之中。这叫做"散入无形而适得气之体，聚为有形而不失气之常"。正因为气只有形态上的变化，所以，气永远不会增多，也不会减少："聚散变化，而其本体不为之损益"。王船山发挥了张载、王廷相、宋应星等人先后提到过的气的形态变化和守恒的原理，指出气是万物的始基，气不会随着具体物质形态的变化而消减。比如，一车干柴，经过燃烧，原来的柴没有了，但柴作为物质并没有消灭，只是改变了形态，变成了火焰、烟尘或灰烬。又如煮饭，气被蒸发出来，这些气也没有消灭，只是跑到别的地方去了，要是用盖把气封住，气就跑不了。王船山反复论证，物质不会消灭，只有形态上的变化，而且条件不同，转化成的新物质也就不同。王船山认为，气不存在生灭的问题，气的形态变化表现为往来、屈伸、幽明。气聚而为有形之物，叫做来、伸、明，气散即有形之物死灭而还原为气，并回到气的本体，叫做往、屈、幽。因此，整个宇宙就是气聚和气散的大循环，但不论如何循环，世界的物质性和实在性不但一点也没有改变，而且得到了最充分的体现："散者，返于虚也，非无固有之实"。

王船山从以上四个方面对世界的实在性进行了论证。他认为，这四个方面是互相联系的。他立论的中心在于世界是一个永恒的生生不息的运动过程，这个过程本身就是世界实在性的最好证明。如果世界虚幻不实，那它绝不可能运动变化和生化万物。

颜元

颜元（1635～1704年），字易直，又字浑然，号习斋，河北博野人。他4岁失父，11岁离母，在孤苦中度过了童年和少年时期。他一生清贫自守，既不参加科举考试，也不谋求一官半职。他在乡村从事学术研究和教学活动，也亲自参加体力劳动，耕田灌园。他还颇通医术，把行医卖药作为生活来源之一。他是清代提倡实学和批判程朱理学的著名思想家。

提倡实学和批判程朱理学是颜元思想的两个不可分割的方面。颜元提出"宁粗而实，勿妄而虚"的重要口号。这个口号体现了颜元整个学术思想的基本主旨。颜元以实学反对虚妄，其目的在于复兴正统的儒学，批判程朱理学。在他看来，正统的儒学是提倡以六艺（礼、乐、射、御、书、数）为主要内容的实学，程朱理学则掺杂了佛教和道教的虚无思想，甚至完全堕落为佛教禅学，已经丧失了儒学的基本精神而与儒学根本对立。颜元反复指出，程朱理学与以孔子为代表的儒学完全不同："宋儒全废却孔门六艺成法"，"程朱派头始终与尧、舜、孔、孟无干"，程朱之学"始终表里全与孔门无干"，"宋儒学教原与孔、孟不是一家"。他不但认为程朱理学不是儒学，而且进一步认为程朱是儒学的破坏者，是儒学的罪人："程朱灭孔子之道。"因此，他主张清算程朱"废乱圣学之罪"。

颜元从实学的观点出发，竭力划清正统儒学与程

朱理学之间的界限。他认为两者的区别归根到底在于
实与虚的区别。他说，以孔子为代表的儒学不论学或
行都不外乎国计民生的实事，"圣贤但一坐便商榷兵、
农、礼、乐，但一行便商榷富民、教民，所谓'行走
坐卧，不忘苍生'也，是孔门师弟也"。颜元用实学的
观点对孔子的"学而时习之"和"博学之"的思想作
了新的解释。他说，孔门的学习内容是学习礼、乐、
射、御、书、数等实际的知识和技能，"博学之"是广
泛学习兵、农、钱、谷、水、火、工、虞、天文、地
理等等。程朱理学则专门在静坐、讲读上讨生活，"灭
尽有用之学"。

颜元认为，程朱理学之所以是虚妄之学，原因在
于它属于佛教异端。这是颜元对程朱理学的基本定性
和对它的基本否定。颜元说，朱熹是禅宗、训诂、文
字、乡愿的集大成者，而佛教禅宗则是朱熹整个思想
的根本："以禅宗为根本，以章句为工夫，以著述为事
业。"颜元进一步认为，"朱子所见之儒道，即释氏精
微处，故说略同"，"宋儒主敬而废六艺，是假儒门，
虚字面，做释氏实工夫"。他的结论是：佛教是谈虚的
理学，理学是谈理的佛教，朱熹则是手握五经四书的
禅僧。

颜元在否定程朱理学的同时，指出程朱理学是社
会的一大祸害，其毒性不亚于砒霜："但入朱门者便服
其砒霜，永无生气、生机。"他是在戴震之前提出理学
杀人的思想家。他说："只为朱先生有些'正意见'，
'合议论'，杀尽苍生矣。"

颜元提倡实学，批判程朱理学，在清代初期具有批判封建专制主义、解放思想的重大进步意义，并且表现了颜元思想的两个鲜明特点：

（1）颜元思想具有深刻的历史感和现实的针对性。颜元了解中国的历史特别是宋明时期的历史。从一定意义上说，他提倡实学，批判程朱理学是对宋、明两个王朝先后灭亡的经验教训的一种总结。他认为，这两个王朝的灭亡是虚妄之风的一种必然结果，而程朱理学则是虚妄之风的重要根源。他曾沉痛地说："吾观宋、明来天下冗兵之患浅，冗儒之患深，群天下而纳之于'之、乎、者、也'之局，食天下之食，误天下之事，政皆坏矣，兵亦因之。"他在这里所说的冗儒主要是指程朱理学。他认为国家要富强进步，必须提倡有用的实学。要达到这个目的，就必须用孔门的六艺之学以代替程朱理学。但是，当时正是理学回归、重新占据统治地位的时期，虚妄之风愈演愈烈，甚至造成了"人人禅子，家家虚文"的严重局面。颜元认定"仙佛之害，只蔽庸人；程朱之害，遍迷贤知"。在这种认识之下，他认为当务之急是对程朱理学进行清算。

（2）颜元的思想具有一定程度的自觉性。颜元十分清楚程朱理学在清代初期所处的官方正统地位。当时，封建统治者把程朱理学抬到吓人的高度，程朱成了崇拜的偶像，程朱理学成了官方的意识形态，朱熹注解的经书成了封建国家最权威的文献和科举考试的重要内容。在这种情况下，颜元挺身而出，揭起批判程朱理学的旗帜，表现了很高的理论上的勇气。更难能可贵的是，他的批判精神是建立在自觉性的基础上的，即意识到自己应该不顾个人安危而在险境和困难中进行锻炼。他说："宋儒，今之尧、舜、周、孔也。韩愈辟佛，几至杀身，况敢议今世之尧、舜、周、孔者乎！季友著书驳程、朱之说，发州决杖，况敢议及宋儒之学术、品诣者乎！此言一出，身命之虞所必至也。"他表示不能只顾个人的安危得失而一言不发。他清楚地认识到公开批判程朱理学的危险，但是，他义无反顾，毫不退缩，敢于发表冒死之言。当时他遇到来自多方面的侮辱和打击，有的人讥笑他为狂人，有的人鄙薄他为蠢人，有的人指斥他为胆大妄为的人，有的人骂他迂阔、古板、爱标新立异，甚至纠集一伙人围攻他。所有这些都没有使颜元屈服，他仍然表现了"坚定骨力，流言不惧，笑毁不挫"的大无畏精神。颜元还明确说过，遇到艰难困苦是好事，是锻炼自己的好机会。他说："观自古圣贤豪杰，都从贫贱困苦中经历过、琢磨成，况吾侪庸人，若不受锻炼，焉能成德成才？遇些艰辛，遭些横逆，不知是上天爱悯我，不知是世人玉成我，反生暴躁，真愚人矣！"

　　朴素唯物主义是颜元提倡实学和批判程朱理学的思想基础。在理与事的关系上，颜元坚持"理在事中"的观点，承认"事"的客观实在性，认为"理"不能脱离"事"而独立存在；在知和行的关系上，他提出"知无体，以物为体"的命题，肯定客观事物是认识的对象和根源，同时强调指出，只有通过"行"，才能真正认识对象而获得真知。他举例说，读几百遍乐谱也不会懂得音乐是怎么一回事，必须"博拊击吹，口歌身舞，亲下手一番，方知乐是如此"。一项皮帽，只有戴在头上，才知道它能不能保暖。要知道萝卜的味道，必须把萝卜送到自己的口里，亲自尝一尝才能明白。在利与义的关系上，颜元提出"正其义以谋其利，明其道而计其功"的命题，指出"全不谋利计功，是空寂，是腐儒"。

颜元提倡实学和批判程朱理学都具有鲜明的历史性。他提倡实学是在复古即复兴儒学的名义下进行的，这不能不限制实学新内容的开拓。他对程朱理学的批判的确是空前激烈的。但是，理学是不是禅学？如何估计理学的历史地位和历史作用？颜元对于这些问题的看法在当时无疑具有合理性，却无论如何不能代替后人作进一步的探讨和对理学的重新评价。

6 戴震

戴震（1724～1777年），字东原，又字慎修，安徽休宁（今屯溪市）人。青年时代，曾跟随父亲经商，后靠教书维持生活。从41岁到53岁，先后6次入都参加科举考试，都名落孙山。后准与乙未贡士一体殿试，赐同进士出身，授翰林院庶吉士。他是清代的著名学者，擅长考据、训诂和音韵，是乾嘉汉学的奠基人之一。他是中国18世纪的重要哲学家。他用朴素唯物主义观点对程朱理学作了比较深刻的批判。

戴震对程朱理学所涉及的主要哲学问题都从新的

角度作了分析和论证，建立了朴素唯物主义的哲学体系。他否定程朱理学以精神性的"道"和"理"作为世界本原的观点，指出作为物质的气特别是阴阳二气是世界的本原。他说，"天地间百物生生，无非推本阴阳"，认为宇宙万物的产生和发展都是物质运动（特别是阴阳二气运动）的结果。他用"推本阴阳"的观点对"道"与"理"作了解释。首先，他指出"道"是由阴阳二气和五行（水、火、木、金、土）所组成的物质实体："阴阳五行，道之实体也"。作为物质实体的"道"，不是静止不动的，运动才是"道"的根本特点："气化流行，生生不息，是故谓之道。"其次，他把"理"解释为事物的规律，即事物产生和发展的"自然之条理"。这种"自然之条理"也是事物的特殊规律，使一事物与另一事物得以区别开来。戴震说："理者，察之而几微必以别之名也。"他认为程朱的"理生气"的理本论是与佛教以神为本的观点完全一致的。他说，程朱理学把理看作气的主宰，正如佛教把神看作气的主宰一样；程朱理学断定"理生气"，正如佛教断定神能生气一样。戴震实际上指明，程朱理学的理本论是从佛教以神为本的理论脱胎而来，因而是错误的。戴震否定程朱在理本论的基础上把"道"与"器"、"形而上"与"形而下"完全割裂开来的观点，指出"道"与"器"、"形而上"与"形而下"都是统一的气化流行的两种不同的形态。就是说，整个宇宙只有一种物质，它就是气，区别仅仅在于，一种是初始的混沌未分的气，即具体物质形式形成以前的气，

"阴阳之未成形质，是谓形而上者也"。另一种是已经转化为具体物质形式的气，"如五行水火木金土，有质可见，固形而下也。"戴震的结论是："形谓已成形质，形而上犹曰形以前，形而下犹曰形以后。"

天理与人欲之辨是戴震哲学思想的重要内容，也是他对程朱理学进行批判的重点。程朱理学把天理和人欲完全对立起来，断定"天理、人欲，不容并立"，"天理存则人欲亡，人欲盛则天理灭"，从而提出"存天理，灭人欲"的口号。戴震对于程朱理学的这种观点作了多方面的批判。其中重要的有如下几点：

（1）肯定人欲的必然性。戴震认为人欲包括饮食男女之欲和好利恶害之欲，人欲是人的生命活动的一部分，一个活着的人就必然有各种各样的欲望："有是身，故有声、色、臭、味之欲"，声、色、嗅、味之欲"根于性而原于天"。

（2）肯定人欲的正当性。戴震认为人欲是维持生命活动的条件，因而是完全正当的："欲也者，相生养之道也"，"声、色、臭、味之欲，资以养其生"。由于戴震肯定人欲不但是必然的，而且是正当的，所以，他作出了"体民之情，遂民之欲，而王道备"的重要结论。这个结论表明他与程朱理学"存天理，灭人欲"的思想划清了界限，并且把中国古代的民本思想和"民事不可缓"的思想提升到了新的高度。

（3）肯定人欲是人的自然本性的同时，阐明了人欲的社会意义。戴震指明，人欲的存在才使人与人之间能够互相理解，并使社会出现和谐发展的局面。他提出"以情絜情"的原则，主张以自己的人欲去推度、理解和尊重别人的人欲。他说："圣人顺其血气之欲，则为相生养之道，于是视人犹己，则忠；以己推之，则恕；忧乐于人，则仁。"在他看来，忠、恕、仁等道德都离不开对他人的人欲的理解和尊重。戴震又说："遂己之欲者，广之能遂人之欲；达己之情者，广之能达人之情。道德之盛，使人之欲无不遂，人之情无不达，斯已矣！"他认为最高的道德以正确处理个人与他人之间的关系为前提，从而使个人和他人的合理欲望都得到合理的满足。

（4）肯定理与欲的一致性。戴震指出，理是人欲得到适当满足而无偏差，没有在人欲得不到满足的情况下而能够得到理的。人欲得到公平合理的满足，就是爱好与厌恶的感情都恰到好处，这就是天理。戴震说："以情之不爽失为理，是理者存乎欲者也。"他认为，理在欲中，理是欲的正当标准和界限，因此，没有欲也无所谓理。

戴震在论述理、欲之辨的过程中，进一步从政治上对程朱理学进行批判，指出程朱理学的"理欲之辨，适成忍而残杀之具"。他说："尊者以理责卑，长者以理责幼，贵者以理责贱，虽失，谓之顺；卑者、幼者、贱者以理争之，虽得，谓之逆。于是，下之人不能以天下之同情、天下所同欲达之于上；上以理责其下，而在下之罪，人人不胜指数。人死于法，犹有怜之者；死于理，其谁怜之。"他认为封建统治者把理学当作残杀民众的工具，这实际上超出了对于理学的批判，而是对封建社会的本质作了深刻的揭露。

参考书目

1. 冯友兰：《中国哲学史新编》（1~6册），人民出版社，1962~1989。

2. 汤用彤：《汉魏两晋南北朝佛教史》，中华书局，1983。

3. 汤用彤：《隋唐佛教史稿》，中华书局，1982。

4. 侯外庐等主编《宋明理学史》（上、下卷），人民出版社，1984~1987。

5. 谷方：《中国哲学人物辞典》，书海出版社，1990。

6. 谷方：《韩非与中国文化》，贵州人民出版社，1996。

7. 谷方：《主体性哲学与文化问题》，中国和平出版社，1994。

《中国史话》总目录

系列名	序号	书　名	作　者
物质文明系列（10种）	1	农业科技史话	李根蟠
	2	水利史话	郭松义
	3	蚕桑丝绸史话	刘克祥
	4	棉麻纺织史话	刘克祥
	5	火器史话	王育成
	6	造纸史话	张大伟　曹江红
	7	印刷史话	罗仲辉
	8	矿冶史话	唐际根
	9	医学史话	朱建平　黄　健
	10	计量史话	关增建
物化历史系列（28种）	11	长江史话	卫家雄　华林甫
	12	黄河史话	辛德勇
	13	运河史话	付崇兰
	14	长城史话	叶小燕
	15	城市史话	付崇兰
	16	七大古都史话	李遇春　陈良伟
	17	民居建筑史话	白云翔
	18	宫殿建筑史话	杨鸿勋
	19	故宫史话	姜舜源
	20	园林史话	杨鸿勋
	21	圆明园史话	吴伯娅
	22	石窟寺史话	常　青
	23	古塔史话	刘祚臣

系列名	序号	书名	作者
物化历史系列（28种）	24	寺观史话	陈可畏
	25	陵寝史话	刘庆柱　李毓芳
	26	敦煌史话	杨宝玉
	27	孔庙史话	曲英杰
	28	甲骨文史话	张利军
	29	金文史话	杜　勇　周宝宏
	30	石器史话	李宗山
	31	石刻史话	赵　超
	32	古玉史话	卢兆荫
	33	青铜器史话	曹淑芹　殷玮璋
	34	简牍史话	王子今　赵宠亮
	35	陶瓷史话	谢端琚　马文宽
	36	玻璃器史话	安家瑶
	37	家具史话	李宗山
	38	文房四宝史话	李雪梅　安久亮
制度、名物与史事沿革系列（20种）	39	中国早期国家史话	王　和
	40	中华民族史话	陈琳国　陈　群
	41	官制史话	谢保成
	42	宰相史话	刘晖春
	43	监察史话	王　正
	44	科举史话	李尚英
	45	状元史话	宋元强
	46	学校史话	樊克政
	47	书院史话	樊克政
	48	赋役制度史话	徐东升
	49	军制史话	刘昭祥　王晓卫

系列名	序号	书名	作者
制度、名物与史事沿革系列（20种）	50	兵器史话	杨毅 杨泓
	51	名战史话	黄朴民
	52	屯田史话	张印栋
	53	商业史话	吴慧
	54	货币史话	刘精诚 李祖德
	55	宫廷政治史话	任士英
	56	变法史话	王子今
	57	和亲史话	宋超
	58	海疆开发史话	安京
交通与交流系列（13种）	59	丝绸之路史话	孟凡人
	60	海上丝路史话	杜瑜
	61	漕运史话	江太新 苏金玉
	62	驿道史话	王子今
	63	旅行史话	黄石林
	64	航海史话	王杰 李宝民 王莉
	65	交通工具史话	郑若葵
	66	中西交流史话	张国刚
	67	满汉文化交流史话	定宜庄
	68	汉藏文化交流史话	刘忠
	69	蒙藏文化交流史话	丁守璞 杨恩洪
	70	中日文化交流史话	冯佐哲
	71	中国阿拉伯文化交流史话	宋岘

系列名	序号	书名	作者
思想学术系列（21种）	72	文明起源史话	杜金鹏 焦天龙
	73	汉字史话	郭小武
	74	天文学史话	冯 时
	75	地理学史话	杜 瑜
	76	儒家史话	孙开泰
	77	法家史话	孙开泰
	78	兵家史话	王晓卫
	79	玄学史话	张齐明
	80	道教史话	王 卡
	81	佛教史话	魏道儒
	82	中国基督教史话	王美秀
	83	民间信仰史话	侯 杰
	84	训诂学史话	周信炎
	85	帛书史话	陈松长
	86	四书五经史话	黄鸿春
	87	史学史话	谢保成
	88	哲学史话	谷 方
	89	方志史话	卫家雄
	90	考古学史话	朱乃诚
	91	物理学史话	王 冰
	92	地图史话	朱玲玲
文学艺术系列（8种）	93	书法史话	朱守道
	94	绘画史话	李福顺
	95	诗歌史话	陶文鹏
	96	散文史话	郑永晓
	97	音韵史话	张惠英
	98	戏曲史话	王卫民
	99	小说史话	周中明 吴家荣
	100	杂技史话	崔乐泉

系列名	序号	书　名	作　者
社会风俗系列（13种）	101	宗族史话	冯尔康　阎爱民
	102	家庭史话	张国刚
	103	婚姻史话	张　涛　项永琴
	104	礼俗史话	王贵民
	105	节俗史话	韩养民　郭兴文
	106	饮食史话	王仁湘
	107	饮茶史话	王仁湘　杨焕新
	108	饮酒史话	袁立泽
	109	服饰史话	赵连赏
	110	体育史话	崔乐泉
	111	养生史话	罗时铭
	112	收藏史话	李雪梅
	113	丧葬史话	张捷夫
近代政治史系列（28种）	114	鸦片战争史话	朱谐汉
	115	太平天国史话	张远鹏
	116	洋务运动史话	丁贤俊
	117	甲午战争史话	寇　伟
	118	戊戌维新运动史话	刘悦斌
	119	义和团史话	卞修跃
	120	辛亥革命史话	张海鹏　邓红洲
	121	五四运动史话	常丕军
	122	北洋政府史话	潘　荣　魏又行
	123	国民政府史话	郑则民
	124	十年内战史话	贾　维
	125	中华苏维埃史话	温　锐　刘　强
	126	西安事变史话	李义彬
	127	抗日战争史话	荣维木

系列名	序号	书名	作者
近代政治史系列（28种）	128	陕甘宁边区政府史话	刘东社　刘全娥
	129	解放战争史话	朱宗震　汪朝光
	130	革命根据地史话	马洪武　王明生
	131	中国人民解放军史话	荣维木
	132	宪政史话	徐辉琪　付建成
	133	工人运动史话	唐玉良　高爱娣
	134	农民运动史话	方之光　龚　云
	135	青年运动史话	郭贵儒
	136	妇女运动史话	刘　红　刘光永
	137	土地改革史话	董志凯　陈廷煊
	138	买办史话	潘君祥　顾柏荣
	139	四大家族史话	江绍贞
	140	汪伪政权史话	闻少华
	141	伪满洲国史话	齐福霖
近代经济生活系列（17种）	142	人口史话	姜　涛
	143	禁烟史话	王宏斌
	144	海关史话	陈霞飞　蔡渭洲
	145	铁路史话	龚　云
	146	矿业史话	纪　辛
	147	航运史话	张后铨
	148	邮政史话	修晓波
	149	金融史话	陈争平
	150	通货膨胀史话	郑起东
	151	外债史话	陈争平
	152	商会史话	虞和平
	153	农业改进史话	章　楷
	154	民族工业发展史话	徐建生
	155	灾荒史话	刘仰东　夏明方
	156	流民史话	池子华
	157	秘密社会史话	刘才赋
	158	旗人史话	刘小萌

系列名	序号	书名	作者	
近代中外关系系列（13种）	159	西洋器物传入中国史话	隋元芬	
	160	中外不平等条约史话	李育民	
	161	开埠史话	杜 语	
	162	教案史话	夏春涛	
	163	中英关系史话	孙 庆	
	164	中法关系史话	葛夫平	
	165	中德关系史话	杜继东	
	166	中日关系史话	王建朗	
	167	中美关系史话	陶文钊	
	168	中俄关系史话	薛衔天	
	169	中苏关系史话	黄纪莲	
	170	华侨史话	陈 民 任贵祥	
	171	华工史话	董丛林	
近代精神文化系列（18种）	172	政治思想史话	朱志敏	
	173	伦理道德史话	马 勇	
	174	启蒙思潮史话	彭平一	
	175	三民主义史话	贺 渊	
	176	社会主义思潮史话	张 武 张艳国 喻承久	
	177	无政府主义思潮史话	汤庭芬	
	178	教育史话	朱从兵	
	179	大学史话	金以林	
	180	留学史话	刘志强 张学继	
	181	法制史话	李 力	
	182	报刊史话	李仲明	
	183	出版史话	刘俐娜	

系列名	序号	书　名	作　者
近代精神文化系列（18种）	184	科学技术史话	姜　超
	185	翻译史话	王晓丹
	186	美术史话	龚产兴
	187	音乐史话	梁茂春
	188	电影史话	孙立峰
	189	话剧史话	梁淑安
近代区域文化系列（二种）	190	北京史话	果鸿孝
	191	上海史话	马学强　宋钻友
	192	天津史话	罗澍伟
	193	广州史话	张　磊　张　苹
	194	武汉史话	皮明庥　郑自来
	195	重庆史话	隗瀛涛　沈松平
	196	新疆史话	王建民
	197	西藏史话	徐志民
	198	香港史话	刘蜀永
	199	澳门史话	邓开颂　陆晓敏　杨仁飞
	200	台湾史话	程朝云

《中国史话》主要编辑
出版发行人

总 策 划	谢寿光	王 正	
执行策划	杨 群	徐思彦	宋月华
	梁艳玲	刘晖春	张国春
统 筹	黄 丹	宋淑洁	
设计总监	孙元明		
市场推广	蔡继辉	刘德顺	李丽丽
责任印制	岳 阳